Stark im Scheitern - Motivation nach Misserfolgen

Nadine Fischer · Theresa Pfeiffer · Oliver Dickhäuser

Stark im Scheitern - Motivation nach Misserfolgen

Motivationsförderung im Arbeitskontext

Nadine Fischer
Waldsee, Deutschland

Theresa Pfeiffer
Landsberg am Lech, Deutschland

Oliver Dickhäuser
Mannheim, Deutschland

ISBN 978-3-658-33280-8   ISBN 978-3-658-33281-5 (eBook)
https://doi.org/10.1007/978-3-658-33281-5

Die Deutsche Nationalbibliothek verzeichnet diese Publikation in der Deutschen Nationalbibliografie; detaillierte bibliografische Daten sind im Internet über http://dnb.d-nb.de abrufbar.

© Springer Fachmedien Wiesbaden GmbH, ein Teil von Springer Nature 2021
Das Werk einschließlich aller seiner Teile ist urheberrechtlich geschützt. Jede Verwertung, die nicht ausdrücklich vom Urheberrechtsgesetz zugelassen ist, bedarf der vorherigen Zustimmung des Verlags. Das gilt insbesondere für Vervielfältigungen, Bearbeitungen, Übersetzungen, Mikroverfilmungen und die Einspeicherung und Verarbeitung in elektronischen Systemen.
Die Wiedergabe von allgemein beschreibenden Bezeichnungen, Marken, Unternehmensnamen etc. in diesem Werk bedeutet nicht, dass diese frei durch jedermann benutzt werden dürfen. Die Berechtigung zur Benutzung unterliegt, auch ohne gesonderten Hinweis hierzu, den Regeln des Markenrechts. Die Rechte des jeweiligen Zeicheninhabers sind zu beachten.
Der Verlag, die Autoren und die Herausgeber gehen davon aus, dass die Angaben und Informationen in diesem Werk zum Zeitpunkt der Veröffentlichung vollständig und korrekt sind. Weder der Verlag, noch die Autoren oder die Herausgeber übernehmen, ausdrücklich oder implizit, Gewähr für den Inhalt des Werkes, etwaige Fehler oder Äußerungen. Der Verlag, bleibt im Hinblick auf geografische Zuordnungen und Gebietsbezeichnungen in veröffentlichten Karten und Institutionsadressen neutral.

Titelbild: (c) NDABCREATIVITY // Umschlaggestaltung deblik Berlin

Planung/Lektorat: Eva Brechtel-Wahl

Springer ist ein Imprint der eingetragenen Gesellschaft Springer Fachmedien Wiesbaden GmbH und ist ein Teil von Springer Nature.
Die Anschrift der Gesellschaft ist: Abraham-Lincoln-Str. 46, 65189 Wiesbaden, Germany

Vorwort

Viele von Ihnen werden es kennen: Sie setzen alles daran, ein bestimmtes Ziel zu erreichen, verfolgen es mit maximalem Bemühen und scheitern dennoch. Automatisch fragen Sie sich, woran es gelegen hat. Vermutlich wird es auch anderen Personen in Ihrem Umfeld so gehen und Sie wurden schon damit konfrontiert, dass manche davon konstruktiv mit Misserfolgen umgehen, andere hingegen mehr davon zurückgeworfen werden. Welche Konsequenzen Misserfolge für die Betroffenen haben, wird durch zugeschriebene Ursachen beeinflusst.

Für Misserfolge können viele verschiedene Ursachenerklärungen gefunden werden: So könnte die Ursache zum Beispiel in den äußeren Umständen, mangelndem Können oder einer falschen Herangehensweise gesehen werden. Genau diese Erklärungen für Misserfolge können beeinflussen, wie zukünftig in ähnlichen Situationen gehandelt wird. Gerade wenn Misserfolge durch Ursachen erklärt werden, die der Person nicht selbst beeinflussbar scheinen, kommt es häufig dazu, dass ihre Motivation zum aktiven Handeln abnimmt. Die innere Logik dahinter lautet wie folgt: Wieso sollte ich mich das nächste Mal wieder engagieren und vielleicht sogar Überstunden machen, wenn die Erreichung des Ziels überhaupt nicht in meiner eigenen Macht steht? Ob als Ursache für den Misserfolg nun mangelnde Fähigkeiten zum Beispiel im Umgang mit Excel oder auch nicht beeinflussbare, äußere Umstände wie ein unfairer Wettbewerb betrachtet werden: Das nächste Mal würden Sie sich sicherlich nicht mehr so anstrengen, um dieses Ziel zu verfolgen.

Für die Motivation wäre es förderlicher, wenn die Ursachen für den Misserfolg in beeinflussbaren Faktoren gesehen werden. So könnte es unter Umständen auch eine plausible Erklärung sein, die falsche Strategie angewendet zu haben oder sich nicht genug angestrengt zu haben. Diese Art von Ursachenerklärungen macht es wahrscheinlicher, dass Sie motiviert sind, ein ähnliches Ziel in Zukunft erneut zu verfolgen. Hier ist die Aussicht nämlich wesentlich größer, zukünftig doch noch erfolgreich sein Ziel zu erreichen. Das eigene Verhalten muss nur entsprechend angepasst werden.

All diese Erklärungen, die für Ergebnisse eigenen Handelns gefunden werden und zukünftiges Handeln beeinflussen können, gehen einem als Gedanken durch den Kopf. Der vorliegende Band beschäftigt sich mit Ursachenerklärungen und den Möglichkeiten, diese in motivationsförderlicherer Weise zu verändern. In Organisationen kann sich die Motivation von Mitarbeitenden in vielfältiger Art und Weise auf deren Verhalten und Arbeitsleistung auswirken. Ob es sich um Mitarbeitende oder Führungskräfte handelt – alle müssen Motivation aufbringen, um sich zu konzentrieren, erfolgsorientiert zu arbeiten, über längere Phasen hinweg ausdauernd zu sein und schlussendlich gute Leistungen zu erreichen. Ziel dieses Bandes ist es, Führungskräften Wege aufzuzeigen, die Motivation ihrer Mitarbeitenden insbesondere durch die Nutzung guter, motivationszuträglicher Ursachenerklärungen zu stärken und zu fördern.

Dieser Band ist in drei Teile untergliedert: Grundlagen der Motivationsförderung durch die Veränderung von Ursachenerklärungen (Teil I), Materialien

(Teil II) und besondere Herausforderungen (Teil III). Teil I beginnt mit einer Einführung zum Begriff der Motivation und dem Einfluss von Motivation auf Leistung (Kap. 1). Im Anschluss daran wird auf das Thema der Ursachenerklärungen genauer eingegangen und dabei anhand von Beispielen veranschaulicht, wie solche gedanklichen Ursachenerklärungen entstehen und welche Auswirkungen sie auf den Menschen haben (Kap. 2). Nachdem die Grundbegriffe dieses Bandes – Motivation und Ursachenerklärung – bekannt sind, liefert das dritte Kapitel eine Übersicht zu Trainings zur Veränderung von Ursachenerklärungen. Hierbei werden Ziele und typische Schritte sowie die dazu verfügbaren Techniken bzw. Methoden aufgegriffen. Zu jeder Technik stellt der vorliegende Band eine Reihe an Materialien in Teil II zur Verfügung, die Sie gemeinsam mit Ihren Mitarbeitenden nutzen können (Kap. 4, 5, 6, 7 und 8). Abschließend werden in Teil III weitere Aspekte von Ursachenerklärungen und der Veränderung dieser durch Trainingsmaßnahmen beleuchtet: Was kann bei herben Rückschlägen getan werden? Wie können Sie als Führungskraft reagieren, wenn es bei Mitarbeitenden vermeintlich am Können fehlt und wie gehen Sie mit Mitarbeitenden um, bei denen das Wollen zum Problem wird? Auf diese Fragen finden Sie in den Kap. 9, 10 und 11 Anregungen und Hinweise. Auf den letzten Seiten jedes Kapitels werden einige Literaturhinweise gegeben, die Sie bei Interesse zur vertieften Lektüre nutzen können. Zum Verständnis der in diesem Band enthaltenen Aspekte ist eine vertiefte Lektüre dieser Literatur jedoch nicht notwendig.

Der vorliegende Band entstand parallel zu zwei weiteren, ebenfalls im Springer-Verlag erschienenen Bänden, die sich mit Techniken der Motivationsförderung beschäftigen. Während sich diese drei Bände in ihrem Aufbau und in den genutzten theoretischen Grundlagen gleichen, unterscheiden sie sich in den Kontexten, auf die diese Grundlagen (etwa in Form von Beispielen) bezogen werden. Auch die Arbeitsmaterialien in Teil II und die speziellen Herausforderungen in Teil III sind konsequent auf den jeweiligen Anwendungskontext bezogen. Der vorliegende Band beschäftigt sich dabei mit Motivationsförderung im Arbeitskontext und in Organisationen. Im Gegensatz dazu fokussiert sich der Band von Badewitz et al. (2021) auf die Anwendung in Schule und Hochschule und ein dritter Band (Gottschall et al. 2021) befasst sich mit der Bedeutung der Techniken für den Breiten- und Leistungssport. Damit stellen wir wertvolles Wissen und hilfreiche Materialen zur Förderung von Motivation für einen breiten Bereich von Anwendungsgebieten zur Verfügung.

Wir wünschen den Leserinnen und Lesern dieses Bandes viel Freude dabei, ein tieferes Verständnis der Bedeutung von Motivation zu entwickeln und natürlich viel Erfolg in der Anwendung der vorgestellten Techniken zur Motivationsförderung.

Nadine Fischer

Theresa Pfeiffer

Oliver Dickhäuser
Mannheim, März 2021

Inhaltsverzeichnis

I Grundlagen

1 Die Bedeutung von Motivation für Leistung 3
1.1 Motivation. 4
1.2 Wie hängen Motivation und Leistung zusammen? 7
1.3 Wie beeinflussen Ursachenerklärungen von Verhaltensergebnissen die zukünftige Motivation? 8
1.4 Fazit. 9
Literatur. 10

2 Die Kraft der Gedanken: Wie Ursachenerklärungen Menschen beeinflussen. 11
2.1 Was sind Attributionen? 12
2.2 Woher kommen Attributionen? 14
2.3 Welche Eigenschaften haben Attributionen? 18
2.4 Welche Konsequenzen haben Attributionen?. 20
2.5 Fazit. 22
Literatur. 23

3 Gedanken verändern: Trainings zur Veränderung von Attributionen 25
3.1 Was sind Trainings zur Veränderung von Ursachenerklärungen? 26
3.2 Was soll erreicht werden?. 27
3.3 Wie wird typischerweise vorgegangen? 29
3.4 Was sind typische Techniken?. 31
3.5 Was ist sonst noch zu beachten? – Attributionsstile 33
3.6 Wissenschaftliche Beispiele für Trainings zur Veränderung von Attributionen. ... 33
3.7 Fazit. 36
Literatur. 36

II Materialien

4 Bevor es los geht: Sinnvolle Überlegungen. 39
4.1 Formulierung von Maßnahmenzielen 40
4.2 Mein Attributionsstil (Version für Führungskraft) 42
4.3 Mein Attributionsstil (Version für Mitarbeitende) 45
4.4 Typische Attributionen bei Misserfolgen erkennen 48

5	**Über Attributionen informieren: Psychoedukation**	53
5.1	Was sind Attributionen?	54
5.2	Dimensionen von Attributionen	55
5.3	Wie wirken sich Attributionen auf Erleben und Verhalten aus?	60
5.4	Definition, Dimensionen und Auswirkungen von Attributionen kurz zusammengefasst.	65
5.5	Handout Attributionen	68
6	**Ein gutes Beispiel sein: Modellierungstechnik**	71
6.1	Modelldarbietung durch Erfahrungsberichte	72
6.2	Selbstmodellierung	78
7	**Realistische Ursachen finden: Beobachtungsinformationen**	83
7.1	Durch Beobachtungsinformationen realistische Attributionen finden	85
7.2	Beobachtungsinformationen sammeln und zurückmelden	89
7.3	Beobachtete Variationen kommentieren	94
8	**Erwünschte Attributionen äußern: Kommentierungstechnik**	97
8.1	Durch Kommentierung günstige Attributionen anregen	99
8.2	Kommentierung zur Verstärkung günstiger und Abschwächung ungünstiger Attributionen	102

III Spezielle Herausforderungen

9	**Umgang mit herben Rückschlägen**	107
9.1	Herbe Rückschläge	108
9.2	Hinweise zur Verarbeitung herber Rückschläge	109
	Literatur	109
10	**Wenn es vermeintlich am Können fehlt**	111
10.1	Vermeintlich fehlendes Können	112
10.2	Hinweise zum Umgang mit vermeintlich fehlendem Können	113
	Literatur	114
11	**Wenn Wollen zum Problem wird**	115
11.1	Wollen als Problem	116
11.2	Hinweise zum Umgang mit fehlendem oder übermäßigem Wollen	116
	Literatur	118

Grundlagen

Motivation ist ein Schlüsselaspekt für den Erfolg von Mitarbeitenden. Ziel dieses Bandes ist es, Führungskräften Wege aufzuzeigen, die Motivation ihrer Mitarbeitenden insbesondere durch die Nutzung guter, motivationszuträglicher Ursachenerklärungen zu stärken und zu fördern. Hierzu werden in diesem ersten Teil des Bandes wichtige theoretische Grundlagen der Motivationsförderung vermittelt. So können tiefergehendes Wissen über das Konzept der Motivation erreicht, sowie die Hintergründe des hier vorgestellten Konzepts der Ursachenerklärung als Schlüsselaspekt bei der Motivationsförderung kennengelernt werden.

In Kap. 1 wird erläutert, was hinter dem Konzept der Motivation konkret steht. In Kap. 2 wird dann das Konzept der Ursachenerklärungen erläutert als ein Faktor, der für die Motivation von Personen verantwortlich ist. Im Anschluss daran wird in Kap. 3 auf die Veränderung von Ursachenerklärungen durch sogenannte Reattributionstrainings eingegangen. Zur besseren Übersicht, welche theoretischen Inhalte in den Kapiteln behandelt werden, sind zu Beginn jedes Kapitels Leitfragen aufgeführt, die im Verlauf des Kapitels beantwortet werden.

Inhaltsverzeichnis

Kapitel 1 Die Bedeutung von Motivation für Leistung – 3

Kapitel 2 Die Kraft der Gedanken: Wie Ursachenerklärungen Menschen beeinflussen – 11

Kapitel 3 Gedanken verändern: Trainings zur Veränderung von Attributionen – 25

Die Bedeutung von Motivation für Leistung

Inhaltsverzeichnis

1.1　Motivation – 4

1.2　Wie hängen Motivation und Leistung zusammen? – 7

1.3　Wie beeinflussen Ursachenerklärungen von Verhaltensergebnissen die zukünftige Motivation? – 8

1.4　Fazit – 9

　　　Literatur – 10

© Springer Fachmedien Wiesbaden GmbH, ein Teil von Springer Nature 2021
N. Fischer et al., *Stark im Scheitern - Motivation nach Misserfolgen*,
https://doi.org/10.1007/978-3-658-33281-5_1

Im Alltag ist Motivation ein viel benutzter Begriff. Hat zum Beispiel ein Jugendlicher den Ehrgeiz, der Beste seiner Fußballmannschaft zu sein, so vermuten wir, dass er motiviert bei der Sache ist. Auch im Arbeitskontext verwenden wir oft den Begriff der Motivation– etwa, wenn es gilt, geringe Leistungen einzelner Mitarbeitenden zu erklären. Das Konzept der Motivation ist jedoch komplexer als gemeinhin angenommen. Was sich genau hinter dem Konzept der Motivation verbirgt, wie Motivation gebildet wird und welche Folgen motiviertes Verhalten hat, wird in diesem Kapitel erläutert.

Dieses Kapitel gibt Antwort auf folgende Fragen:

- *Was ist Motivation?*
- *Welchen Einfluss hat Motivation auf Verhalten?*
- *Wodurch wird Motivation bestimmt?*
- *Wie hängen Motivation, Leistung, Ursachenerklärungen und zukünftige Motivation zusammen?*

1.1 Motivation

Trotz Unterschieden in aktuellen psychologischen Definitionen kann Motivation im Kern beschrieben werden als die Kraft, die zielgerichtetem Verhalten zugrunde liegt (Achtziger et al. 2019). Wenn beispielsweise ein Mitarbeiter mit viel Engagement und Freude an einer bestimmten Aufgabe arbeitet oder eine Mitarbeiterin sich in ein neues Themengebiet einarbeitet, um sich weiterzubilden, handelt es sich bei diesen Arten von Verhalten um motiviertes, also auf die Erreichung von bestimmten Zielzuständen ausgerichtetes Verhalten. Zwar sind die Personen in den Beispielen durch sehr unterschiedliche Qualitäten motiviert (die Erwartung erneuter Freude, die Hoffnung auf berufliche Weiterentwicklung), aber sie sind ohne Frage motiviert.

> Motivation ist die Kraft, die zielgerichtetem Verhalten zugrunde liegt.

Bei der Beschreibung unterschiedlicher Ziele wird in der Motivationspsychologie betont, dass motiviertes Verhalten nicht immer nur auf die Erreichung erwünschter Ziele ausgerichtet ist. Auch unerwünschte Zielzustände steuern Verhalten. Die Arbeit an einem Projekt mit der Absicht, auf keinen Fall Ärger mit dem Chef zu bekommen, stellt also ebenfalls einen Fall von motiviertem Verhalten dar. In Tab. 1.1 werden verschiedene Beispiele für motiviertes Verhalten geschildert. Dabei wird unterschieden, ob das Handeln auf die Erreichung erwünschter Ziele (sogenannte Annäherungsziele) oder auf die Vermeidung unerwünschter Ziele (sogenannte Vermeidungsziele)

1.1 · Motivation

Tab. 1.1 Beispiele zur Verdeutlichung von Annäherungs- und Vermeidungszielen

Annäherungsziele	Vermeidungsziele
Herr Müller möchte mit seinem Pitch den potenziellen Kunden für die Firma gewinnen, daher investiert er viel Zeit in dessen Vorbereitung.	Frau Schneider möchte den Hauptkunden der Firma auf keinen Fall bei der Erweiterung des Angebots verlieren. Daher investiert sie sehr viel Zeit in die Vorbereitung des Pitchs.
Frau Schneider möchte mit ihrer Idee für eine neue Mitarbeiterbefragung ihren Chef und auch die Kolleg*innen beeindrucken. Deswegen liest sie sich intensiv in die Literatur ein und bereitet viele Beispiele in anschaulicher Art und Weise vor.	Herr Müller möchte sich bei seiner Präsentation des Kundenfeedbacks auf Englisch vor seinem Team nicht blamieren. Darum bereitet er sich intensiv auf alle anzusprechenden Themen in Englisch vor.
Frau Schneider ist gerne schon vor den anderen Kolleg*innen im Besprechungsraum, um noch einmal die Technik und die Ausstattung zu kontrollieren. Deshalb fährt sie eine halbe Stunde früher zur Arbeit.	Herr Müller hasst es, zu spät zu Besprechungen zu kommen, deshalb nimmt er heute Morgen lieber eine Bahn früher.
Herr Müller begeistert sich sehr für das neue Produkt, das sein Arbeitgeber auf den Markt bringen will. Daher liest er in seiner Freizeit alle Bücher, die er dazu findet.	Frau Schneider möchte vermeiden, in ihrer Besprechung mit der Abteilungsleiterin Fragen zum neuen Produkt gestellt zu bekommen, die sie nicht beantworten kann. Daher liest sie in ihrer Freizeit alle Bücher, die sie zum Thema findet.

ausgerichtet ist. Die Darstellung in dieser Tabelle macht deutlich, dass ein und demselben Verhalten unterschiedliche Formen von Motivation zugrunde liegen können.

- **Welchen Einfluss hat Motivation auf Verhalten?**

Motivation wirkt sich in vielfältiger Art und Weise auf das Verhalten aus. Ist diese Auswirkung im Verhalten sichtbar, kann auf das Vorliegen von Motivation geschlossen werden. Im Kern sind es vier verschiedene Aspekte von Verhalten, auf die Motivation Einfluss hat (Grassinger et al. 2019): Bei der *Verhaltensinitiierung* geht es um die Frage, wann ein Verhalten begonnen wird. Die Frage der *Verhaltensausrichtung* bezieht sich darauf, welche Art von Verhalten eine Person zeigt, beziehungsweise mit welchen Inhalten oder Aufgaben sie sich beschäftigt. Der Aspekt der *Verhaltensintensität* betrifft die Qualität des Verhaltens, etwa die Intensität der Beschäftigung mit einem Inhalt oder die Stärke der Konzentration. *Verhaltensdauer* bezieht sich auf die Frage, wie lange ein Verhalten gezeigt beziehungsweise wann es abgebrochen wird. Tab. 1.2 illustriert die vier verschiedenen Arten von Verhaltensaspekten anhand von Beispielen.

Die Beispiele aus Tab. 1.2 zeigen, wie vielfältig sich Motivation auf das Verhalten von Mitarbeitenden auswirken kann. Ein bestimmtes Verhalten wird nur

◘ Tab. 1.2 Erklärungen und Beispiele der Verhaltensaspekte Initiierung, Ausrichtung, Intensität und Dauer

Verhaltensaspekt	Erklärung	Beispiel
Verhaltensinitiierung	Beginnen Personen, ein Verhalten zu zeigen? Und wenn ja, wann?	Herr Klein beginnt immer früher als seine Kollegin Frau Paul damit, sich auf anstehende Präsentationen vorzubereiten.
Verhaltensausrichtung	Welches Verhalten zeigen Personen?	Frau Paul bildet sich in Excel weiter, indem sie sich regelmäßig Tutorials dazu anschaut. Für die Verbesserung ihrer Englischkenntnisse macht sie hingegen nicht viel. Bei Herrn Klein ist es genau umgekehrt.
Verhaltensintensität	Wie ausgeprägt zeigen Personen ein Verhalten?	Herr Klein bereitet Präsentationen inhaltlich detaillierter vor als Frau Paul.
Verhaltensdauer	Wie lange zeigen Personen ein Verhalten? Wann wird es beendet?	Wenn Frau Paul einmal mit der Arbeit an einem Projekt begonnen hat, erledigt sie alle offenen Aufgaben für diesen Tag, auch wenn das Überstunden bedeutet. Herr Klein dagegen beachtet immer die Kernarbeitszeit – ist diese vorbei, hört er auf und geht nach Hause.

begonnen und mit einer bestimmten Intensität und Ausdauer gezeigt, wenn auch die Motivation für dieses Verhalten vorhanden ist.

- **Wodurch wird Motivation bestimmt?**

Die Motivation einer Person wird sowohl durch Merkmale der Person selbst als auch durch Merkmale der Situation beeinflusst. Unter *Merkmalen einer Person* sind etwa ihre Bedürfnisse und Überzeugungen oder auch individuelle Werte zu verstehen. In diesen Merkmalen können sich Personen unterscheiden. So kann es sein, dass es Frau Paul generell wichtig ist, durch gute Leistungen zu überzeugen. Dies wird als hohes Leistungsmotiv bezeichnet. Es kann dazu führen, dass Frau Paul sich deshalb in verschiedenen Bereichen ihres Berufs, etwa sowohl bei der Bearbeitung von Projekten wie auch bei der Organisation von Teamevents, sehr anstrengt. Herrn Klein hingegen mag es sehr wichtig sein, von anderen Personen gemocht und geschätzt zu werden, was als hohes Anschlussmotiv bezeichnet wird. Deshalb geht er möglicherweise Konflikten in verschiedenen Projekten oft eher aus dem Weg. Herrn Martin ist es dagegen wichtig, Einfluss auf andere Personen und wichtige Entscheidungen zu haben – er hat ein hohes Machtmotiv und engagiert sich deshalb möglicherweise im Betriebsrat oder als Teamsprecher. Solche Motive sind auch entscheidend für die Antwort auf die Frage, wieso unterschiedliche Personen in der gleichen Situation unterschiedlich handeln (Heckhausen und Heckhausen 2018).

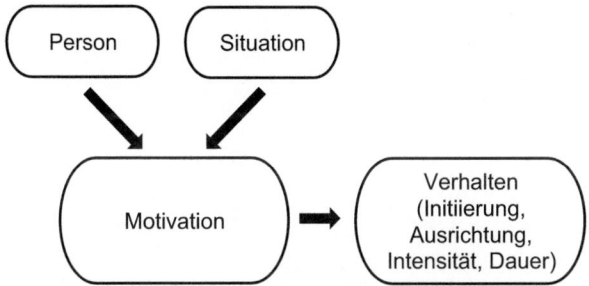

Abb. 1.1 Prozessmodell zur Entstehung und zu Folgen von Motivation

Auch wenn sich Personen über die Zeit hinweg in ähnlichen Situationen oft gleich verhalten, bedeutet dies nicht, dass diese Personen das gleiche Verhalten über alle Situationen hinweg zeigen. Der Grund hierfür sind Merkmale der Situation selbst. Wenn auch die wissbegierigsten und fleißigsten Mitarbeitenden in einem bestimmten Projekt langsam das Interesse verlieren, so ist es denkbar, dass die Ursache in der Situation (hier also im Projekt selbst) zu finden ist. Merkmale des Projekts, etwa dessen Struktur, Inhalt und Anspruchsniveau beschreiben Rahmenbedingungen der Situation, die die Motivation ebenfalls beeinflussen. Diese Rahmenbedingungen wirken auf alle Personen ein. Jedoch ist es wichtig zu betonen, dass dieselben Rahmenbedingungen bei unterschiedlichen Personen einen anderen Effekt haben können. So kann es sein, dass sich in dem oben genannten Beispiel bestimmte Mitarbeitende durch ein unstrukturiertes Projekt herausgefordert sehen, sich die zeitliche Detailplanung des Projekts selbst zu erarbeiten, während andere das Interesse verlieren. Der Idee, dass Motivation ihre Ursache im Zusammenwirken von Merkmalen der Person und der Situation hat (Heckhausen und Heckhausen 2018), entspricht auch die Vorstellung, dass bestimmte Situationen besonders günstig für die Erreichung bestimmter persönlich erstrebter Ziele sind. Gerade bei solchen günstigen Gelegenheiten ist es besonders wahrscheinlich, dass eine Person handelt, um die angestrebten Ziele zu erreichen.

Abb. 1.1 zeigt das Zusammenwirken von Personen- und Situationsfaktoren für die Entstehung von Motivation und deren Auswirkung auf Verhalten. Die Abbildung wird im weiteren Verlauf des Kapitels nach und nach um weitere Elemente ergänzt, sodass sich ein Gesamtbild ergibt, welches die Entstehung und Folgen von Motivation illustriert.

1.2 Wie hängen Motivation und Leistung zusammen?

Leistung ist die Folge aufgabenbezogenen Verhaltens. Ohne Frage ist Leistung eine wichtige, wenn nicht gar die wichtigste Zielgröße von Handeln in Organisationen. In der Forschung zu leistungsbeeinflussenden Faktoren konnte gezeigt werden, dass neben Intelligenz auch die Motivation von Mitarbeitenden einen großen Effekt auf deren Leistung hat. Dabei ist die Relevanz der situativen Motivation für die Arbeitsleistung in etwa genauso groß wie der Einfluss von Intelligenz (Van Iddekinge et al. 2018).

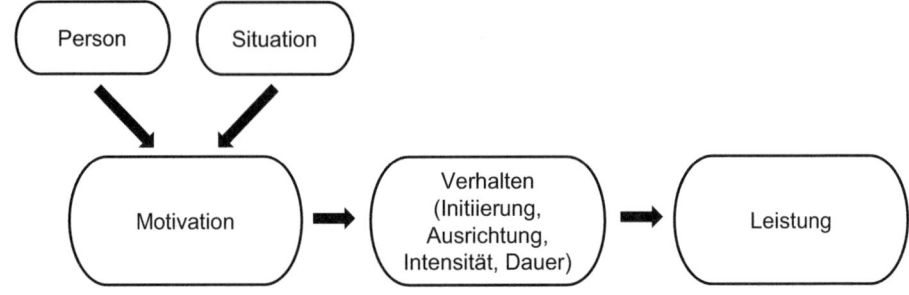

Abb. 1.2 Erweitertes Prozessmodell zur Entstehung und zu Folgen von Motivation

Die Rolle von Motivation für Leistung kann dabei über die vier zuvor genannten Verhaltensaspekte erklärt werden. So kann Motivation dazu führen, dass Verhalten früher gezeigt wird (Verhaltensinitiierung), Mitarbeitende also beispielsweise frühzeitig mit der Vorbereitung einer Präsentation beginnen. Motivation kann auch zur Folge haben, dass Mitarbeitende gezielt bestimmtes Verhalten zeigen (Verhaltensausrichtung), also beispielsweise solch ein Projekt freiwillig annehmen, welches stark ihren Interessen entspricht. Motivation kann sich in der Qualität des Verhaltens wiederfinden (Verhaltensintensität), etwa in tieferem Nachdenken über einen bestimmten Inhalt auch in der Freizeit. Und schließlich kann sich Motivation darauf auswirken, wie lange ein Verhalten gezeigt wird (Verhaltensdauer), also beispielsweise auf ausdauernden Einsatz auch bei Schwierigkeiten. Diese Verhaltensweisen können schlussendlich zu besserer Leistung führen. Abb. 1.2 verbildlicht den hier beschriebenen Zusammenhang. Aus dieser Darstellung lässt sich auch ableiten, dass durch die Förderung von Motivation Leistung gesteigert werden kann.

1.3 Wie beeinflussen Ursachenerklärungen von Verhaltensergebnissen die zukünftige Motivation?

Motivation ist nicht nur vor und während der Ausführung eines Verhaltens relevant, sondern auch danach. Motivationale Prozesse spielen eine Rolle, wenn die Person nach der Ausführung eines Verhaltens beurteilt, ob das angestrebte Ziel erreicht wurde oder nicht. So kann die Erklärung der eigenen Verhaltensergebnisse Einfluss auf nachfolgende Zielsetzungen und die Bildung zukünftiger Motivation haben. Im Falle des Erreichens kann das Zielstreben deaktiviert werden – beispielsweise kann ein Arbeitnehmer nach der erfolgreichen Akquise eines neuen Kunden seine diesbezüglichen Bemühungen einstellen. Dennoch wird er sich in dieser Situation eine Vorstellung davon bilden, inwieweit sein eigenes Verhalten zum Erfolg bei der Zielerreichung beigetragen hat. Sieht er sein Verhalten als Ursache dafür, sein Ziel erreicht zu haben, wird er für zukünftige ähnliche Ziele erneut die Motivation haben, ein Verhalten dieser Art wieder zu zeigen. Vor allem aber, wenn ein Ziel nicht erreicht wurde, steht die Frage nach den Gründen im Raum. Im Wesent-

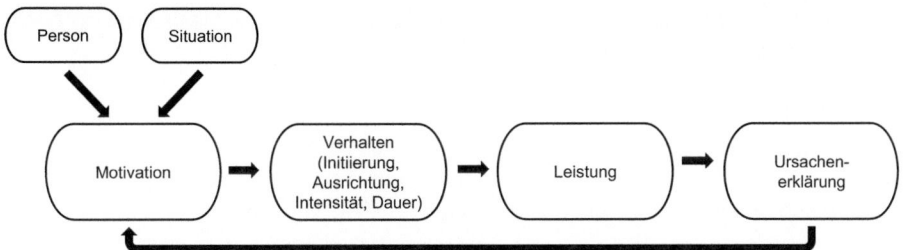

◻ **Abb. 1.3** Erweitertes Prozessmodell zur Entstehung und zu Folgen von Motivation und Ursachenerklärungen

lichen geht es dann darum, ob das Ziel weiterverfolgt werden soll (etwa auf anderem Wege) oder nicht.

Die verschiedenen Ursachenerklärungen für Misserfolg beeinflussen nachfolgendes Verhalten auf unterschiedliche Art und Weise (Heckhausen und Heckhausen 2018). Das folgende Beispiel macht dies deutlich: Frau Fischer verliert einen wertvollen Mitarbeiter ihres Teams an einen Konkurrenten. Diesen Verlust kann sie darauf zurückführen, dass sie den Mitarbeiter als Führungskraft nicht genug unterstützt und ihm zu wenig Struktur geboten hat. In Zukunft wird sie versuchen, stärker auf die Bedürfnisse ihrer Mitarbeitenden zu achten und Weiterbildungen hierzu besuchen. Führt Frau Fischer den Mitarbeiterwechsel hingegen auf das Angebot eines Konkurrenten zurück, der ihrem Mitarbeiter ein wesentlich höheres Gehalt und einen kürzeren Arbeitsweg bieten kann, wird sie anders auf den Verlust reagieren. Sie wird die Schuld nicht bei sich suchen, sondern wahrscheinlich akzeptieren, dass ihr Unternehmen diese Leistungen nicht bieten kann.

Die Ursachenerklärung der Verhaltensergebnisse spielt somit eine zentrale Rolle bei der Bildung oder Veränderung von Motivation, wie Abb. 1.3 veranschaulicht. Entsprechend wird im nächsten Kapitel ausführlicher auf das Konzept der Ursachenerklärung eingegangen und dabei verdeutlicht, wie genau sich verschiedene Ursachenerklärungen auf die Motivation einer Person auswirken können. Hierauf aufbauend werden in Kap. 3 Methoden vorgestellt, die darauf abzielen, Ursachenerklärungen von Personen gezielt zu beeinflussen und zu verändern, um so ihre Motivation zu fördern.

1.4 Fazit

■ *Was ist Motivation?*
Motivation beschreibt Kräfte, die zielgerichtetem Verhalten zugrunde liegen.

■ *Welchen Einfluss hat Motivation auf das Verhalten?*
Motivation beeinflusst das Verhalten. Sie führt dazu, dass Personen je nach Projekt, Kolleg*innen und anderen Umständen unterschiedliches (Arbeits-)Verhalten initiieren, ihr Verhalten auf unterschiedliche Inhalte ausrichten, qualitativ unter-

schiedliches Verhalten zeigen und dies zu unterschiedlichen Zeitpunkten beenden. All dies hat Effekte auf ihre resultierenden Leistungen.

- **Wodurch wird Motivation bestimmt?**

Motivation ergibt sich aus dem Zusammenspiel von Personen- und Situationsfaktoren. Die wahrgenommenen Ursachen für vergangene Erfolge bzw. Misserfolge haben einen erheblichen Einfluss auf die Motivation.

- **Wie hängen Motivation, Leistung, Ursachenerklärungen und zukünftige Motivation zusammen?**

Nach Abschluss des gezeigten Verhaltens bewerten Personen ihr eigenes Verhalten mit Blick auf die Annäherung an die zuvor gesetzten und angestrebten Ziele. Die Art, wie die Leistung hinsichtlich der Zielerreichung bewertet und welche Ursachenerklärung herangezogen wird, beeinflusst die Motivation für zukünftige Aufgaben. Dadurch wird der beschriebene Prozess – Motivation, Verhalten, Leistung und Ursachenerklärung – von neuem angestoßen. Eben dieser Kreislauf ermöglicht es, dass eine Veränderung der Ursachenerklärungen eine Motivations- und Leistungsveränderung bewirken kann. Somit stellt die Veränderung von Ursachenerklärungen einen guten Ansatzpunkt für die Motivationsförderung von Mitarbeitenden dar und wird in den folgenden Kapiteln dieses Bandes weiter vertieft.

Literatur

Achtziger, A., Gollwitzer, P., Bergius, R., & Schmalt, H. (2019). Motivation. In M. A. Wirtz (Hrsg.), *Dorsch – Lexikon der Psychologie*. https://m.portal.hogrefe.com/dorsch/motivation/ Zugegriffen am 26.03.2021

Grassinger, R., Dickhäuser, O., & Dresel, M. (2019). Motivation. In D. Urhahne, M. Dresel, & F. Fischer (Hrsg.), *Psychologie für den Lehrberuf* (S. 207–227). Heidelberg: Springer.

Heckhausen, J., & Heckhausen, H. (2018). Motivation und Handeln: Einführung und Überblick. In J. Heckhausen & H. Heckhausen (Hrsg.), *Motivation und Handeln* (5. Aufl., S. 1–11). Berlin/Heidelberg: Springer.

Van Iddekinge, C. H., Aguinis, H., Mackey, J. D., & DeOrtentiis, P. S. (2018). A meta-analysis of the interactive, additive, and relative effects of cognitive ability and motivation on performance. *Journal of Management, 44*(1), 249–279. https://doi.org/10.1177/0149206317702220.

Die Kraft der Gedanken: Wie Ursachenerklärungen Menschen beeinflussen

Inhaltsverzeichnis

2.1 Was sind Attributionen? – 12

2.2 Woher kommen Attributionen? – 14

2.3 Welche Eigenschaften haben Attributionen? – 18

2.4 Welche Konsequenzen haben Attributionen? – 20

2.5 Fazit – 22

Literatur – 23

© Springer Fachmedien Wiesbaden GmbH, ein Teil von Springer Nature 2021
N. Fischer et al., *Stark im Scheitern - Motivation nach Misserfolgen*,
https://doi.org/10.1007/978-3-658-33281-5_2

In diesem Kapitel werden theoretische Grundlagen von Ursachenerklärungen, die für die folgenden Materialien von Bedeutung sind, beleuchtet und anhand praktischer Beispiele veranschaulicht. Theoretische und empirische Arbeiten zu Ursachenerklärungen (Attributionen) liegen in großer Breite aus verschiedenen Forschungsbereichen der Psychologie vor (siehe zum Beispiel die Überblicksarbeit von Stiensmeier-Pelster und Heckhausen 2018). Aus Gründen der Übersichtlichkeit beschränken wir uns in diesem Band auf die wichtigsten theoretischen Grundlagen, die einen direkten Bezug zu den späteren Materialien aufweisen.

Im Anschluss an eine Annäherung an den Begriff der Attribution und die Darstellung erster theoretischer Ansätze gehen wir darauf ein, wie Personen zu bestimmten Attributionen kommen. Hierbei betrachten wir zwei große Quellen von Attributionen. Darauf folgt eine Beschreibung der Eigenschaften von Attributionen sowie möglicher Konsequenzen. Im Verlauf des Kapitels werden folgende Leitfragen beantwortet:

- *Was sind Attributionen?*
- *Woher kommen Attributionen?*
- *Welche Eigenschaften haben Attributionen?*
- *Welche Konsequenzen haben Attributionen?*

2.1 Was sind Attributionen?

In der Verhaltensforschung geht man davon aus, dass Gedanken und Emotionen das menschliche Verhalten steuern. Eine besondere Klasse von Gedanken sind dabei sogenannte Ursachenerklärungen. Es wird angenommen, dass Menschen dazu neigen, gedanklich nach Ursachen für bestimmte Ereignisse, etwa eigene Erfolge und Misserfolge, zu suchen. Mit diesen Ursachenerklärungen möchten Menschen auch zukünftige Ereignisse besser vorhersagen, sie damit kontrollierbarer machen und ihr zukünftiges Verhalten in ähnlichen Situationen anpassen.

In diesem Zusammenhang wird in der Wissenschaft vom Begriff der *Attribution* gesprochen. Darunter ist die Zuschreibung von Ursachen für Handlungen und Verhaltensweisen zu verstehen. Attributionen betreffen gedankliche Überzeugungen, die Menschen über Ursachen von Ereignissen bilden (Stiensmeier-Pelster und Heckhausen 2018). So könnte beispielsweise eine Mitarbeiterin nach einem schlechten Feedback denken, der Grund hierfür sei, dass sie in der letzten Zeit bei der Arbeit oft unkonzentriert gewesen ist.

Die Begriffe Ursachenerklärung und Attribution werden im Folgenden als Synonyme verwendet. Im vorliegenden Band wird es im Speziellen um Ursachenerklärungen für erfolgreiches bzw. erfolgloses Handeln in beruflichen Leistungssituationen gehen. Als Leistungssituation gelten solche Situationen, in denen ein Ziel zu erreichen ist. Beispielsweise kann sich ein Arbeitnehmer, der das Ziel hatte, einen potenziellen Kunden von seinem Konzept zu überzeugen, nach einer missglückten Präsentation die Frage stellen, *warum* es nicht geklappt hat. Durch den Prozess der Attribution wird er am Ende zu einer Überzeugung über die Ursache(n) für seinen Misserfolg gelangen, was wiederum sein zukünftiges

2.1 · Was sind Attributionen?

Verhalten, etwa bei weiteren Präsentationen oder auch in anderen beruflichen Anforderungssituationen, beeinflussen kann. In Leistungssituationen ist zu beobachten, dass Menschen vor allem nach Misserfolgen nach deren Ursachen suchen. Dies liegt daran, dass Misserfolge unerwünscht sind – deswegen wird hiernach häufiger die Frage nach möglichen Gründen gestellt, insbesondere auch zur Vermeidung zukünftiger Misserfolge.

> Attributionen sind gedankliche Überzeugungen, die Menschen über Ursachen von Ereignissen bilden.

Attributionstheorien geben Antworten auf die Frage, welche Informationen Menschen zur Erklärung von Verhaltensweisen nutzen. Des Weiteren betrachten sie, welche Ursachen am Ende des Suchprozesses als Erklärung angenommen werden und wie damit zukünftiges Verhalten beeinflusst wird.

▪ Erste Ansätze: Die Attributionstheorie von Heider

Vielen Theorien zu Ursachenerklärungen liegt die Theorie der naiven Handlungsanalyse von Fritz Heider (1958) zugrunde. Diese nimmt an, dass das menschliche Verhalten durch die Art und Weise, wie Menschen sich die Welt erklären, beeinflusst wird und Menschen beobachtbare Ereignisse gedanklich mit nicht beobachtbaren Ursachen verbinden. Durch dieses Vorgehen der Ursachenerklärung können Menschen die Welt vorhersagen und einen gewissen Grad an Kontrolle gewinnen. Die wichtigste Erkenntnis der Theorie von Heider ist, dass Menschen für Ereignisse sowohl personenspezifische (interne) als auch situationsspezifische (externe) Faktoren als ursächlich ansehen können. Diese beiden unterschiedlichen Kategorien werden anhand des Beispiels eines Arbeitnehmers erläutert, dessen Kundenpräsentation misslungen ist.

Bei personenspezifischen (internen) Ursachen wird unter anderem unterschieden zwischen
- Können: Besitzt er beispielsweise die nötigen Kenntnisse, um eine attraktive Präsentation zu erstellen?
- Bemühen: Hat der Arbeitnehmer zum Beispiel vorher die Präsentation geprobt und sich gut vorbereitet?

Situationsspezifische (externe) Ursachenfaktoren können sein:
- Schwierigkeit der Aufgabe: Entsprach zum Beispiel der Kundenauftrag dem speziellen Expertise-Bereich des Arbeitnehmers?
- Glück/Pech und Zufall: Traten beispielsweise während der Präsentation Computerprobleme auf? Oder musste der Kunde mitten im Termin wegen eines Notfalls gehen?

In diesem Zusammenhang ist eine interessante menschliche Tendenz bei Ursachenerklärungen für Erfolg und Misserfolg zu beobachten: Wir neigen dazu, Erfolge wie bspw. eine erfolgreiche Kundenakquise auf Ursachen der eigenen Person zurückzuführen: *„Es lag an meinem guten Vortrag und an meinem sicheren Auftreten".* Dagegen werden Misserfolge häufig der Situation zugeschrieben: *„Es lag an den schlechten Umgebungsbedingungen wie am Lärm und an der Uhrzeit".* Diese allgemeine Tendenz wird selbstwertdienlicher Attributionsstil genannt. Das bedeutet aber nicht, dass jede Person jeden Erfolg auf Ursachen innerhalb der eigenen Person und jeden Misserfolg auf Ursachen außerhalb der Person zurückführt.

2.2 Woher kommen Attributionen?

Zur Bildung von Attributionen nutzen Menschen zwei Hauptquellen:
1. Informationen über die Zusammenhänge zwischen möglichen Ursachen und dem Ereignis
2. Rückmeldungen von bedeutsamen Bezugspersonen (beispielsweise von der Führungskraft)

Diese zwei Möglichkeiten zur Entstehung von Attributionen werden im Folgenden näher betrachtet.

▪ Informationen als Quelle von Attributionen

Harold Kelley nimmt 1973 in seiner Theorie Bezug auf die Überlegungen von Heider. Dabei misst er Informationen, die zur Erklärung eines Ereignisses zur Verfügung stehen, eine besondere Bedeutung zu. Kelley nimmt an, dass sich Informationen dann auf die Ursachenerklärung auswirken, wenn sie gemeinsam mit dem Ereignis auftreten, das heißt also mit dem Ereignis variieren. Dabei werden drei Kategorien von Informationen unterschieden:
a) Variation über Personen: Verhalten sich andere Personen in der gleichen Situation genauso oder anders?
b) Variation über die Zeit: Verhält sich die Person in dieser Situation immer so oder hat sie sich in der Vergangenheit anders verhalten?
c) Variation über Situationen: Zeigt die Person das gleiche Verhalten in verschiedenen Situationen oder zeigt sich in anderen Situationen (zum Beispiel bei anderen Aufgaben) ein anderes Verhalten?

Die Betrachtung der Zusammenhänge zwischen möglichen Ursachen und bestimmten Ereignissen ist von großer Bedeutung für die Bildung von Attributionen. Zudem stellt sie einen wichtigen Ansatzpunkt dar, um Personen realistische Ursachenerklärungen nahezubringen. Das Konzept der gemeinsamen Variation ist daher auch besonders für die Veränderung von Ursachenerklärungen bedeutsam, weshalb im Folgenden darauf eingegangen wird. Zum besseren Verständnis sind die verschiedenen Arten von Variation hierbei mit Symbolen gekennzeichnet, welche in Abb. 2.1 abgebildet sind. So illustriert das Symbol für die Variation des Ereignisses *über Personen* (Abb. 2.1a) die Frage,

2.2 · Woher kommen Attributionen?

Tab. 2.1 Informationskategorien zur Bildung von Attributionen

Informationskategorie	Personen *Verschiedene Personen, eine Situation*	Zeit *Eine Person, eine Situation über die Zeit*	Situationen *Eine Person, verschiedene Situationen*
Beispiel Frau Müller: Frau Müller erscheint zu spät zur Arbeit. Ihr Chef ärgert sich über das zu späte Erscheinen seiner Mitarbeiterin und denkt über die Gründe nach.			
Frage	Kommen heute alle Mitarbeitenden zu spät zur Arbeit oder nur Frau Müller?	Kommt Frau Müller jeden Morgen zu spät zur Arbeit oder nur selten?	Kommt Frau Müller nur zur Arbeit zu spät oder auch bei privaten Terminen? (Situation als Ort)
Beispiel Herr Meier: Herr Meier verhält sich während einer Projektbesprechung unfreundlich gegenüber seinem Kollegen Herrn Schneider. Der Projektleiter sorgt sich um die Harmonie im Projektteam und fragt sich, woher dieses Verhalten kommt.			
Frage	Verhalten sich alle Projektmitglieder unfreundlich gegenüber Kollege Schneider oder nur Herr Meier?	Ist Herr Meier immer unfreundlich zu Kollege Schneider oder nur gerade eben?	Verhält sich Herr Meier nur in den Projektsitzungen unfreundlich gegenüber Kollege Schneider oder auch dann, wenn sie in der Mitarbeiterversammlung des Unternehmens zusammenkommen? (Situation als Rolle)
Beispiel Frau Haller: Frau Haller hat eine große Menge an Informationen korrekt und übersichtlich in einer Tabelle dargestellt. Diese kann nun von ihren Kolleg*innen leicht genutzt werden und erhöht die Teameffizienz. Ihre Führungskraft fragt sich nach den Gründen für die außergewöhnlich gute Leistung von Frau Haller.			
Frage	Ist es so, dass andere Teammitglieder, die mit dieser komplexen Aufgabe in der Vergangenheit betraut waren, ebenso erfolgreich waren?	Ist es das erste Mal, dass Frau Haller eine solche Leistung zeigt oder performt sie stets auf einem sehr hohen Niveau?	Kennt sich Frau Haller nur besonders gut mit Tabellenformatierungen aus oder kann sie auch gut Texte formatieren und Präsentationen erstellen? (Situation als Thema)

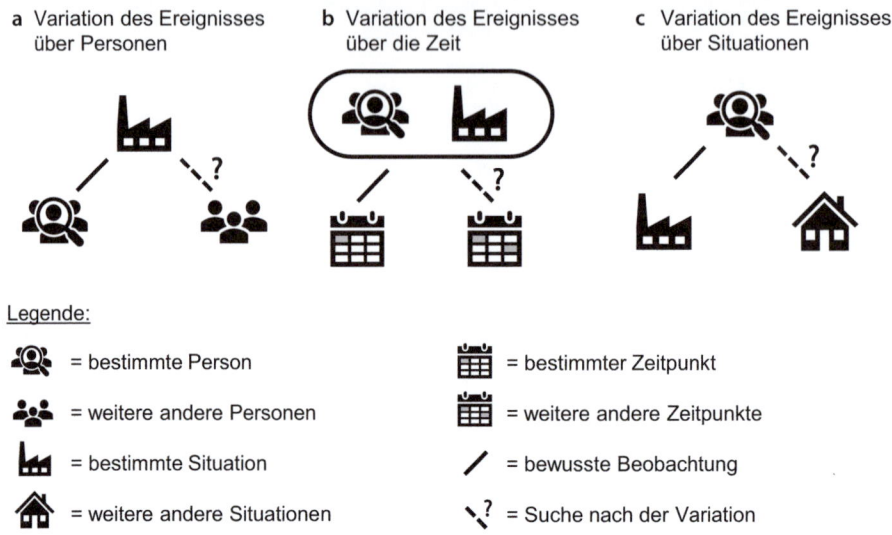

◘ Abb. 2.1 Illustration der Kategorien von Beobachtungen – Variation des Ereignisses über Personen, die Zeit und Situationen

ob ein bestimmtes Ereignis in einem bestimmten Kontext (mit dem Symbol einer Firma gekennzeichnet) nur bei einer bestimmten Person (mit der Lupe gekennzeichnet) oder auch bei mehreren anderen Personen (hier symbolisiert mit der Personengruppe) auftritt. Das Fragezeichen illustriert dabei die Suche nach der Variation über Personen. Das Symbol für die Variation des Ereignisses *über die Zeit* (Abb. 2.1b) illustriert die Frage, ob das Verhalten einer bestimmten Person (mit der Lupe gekennzeichnet) in einem bestimmten Kontext (mit dem Symbol einer Firma gekennzeichnet) nur zu einem bestimmten Zeitpunkt (ein Kalendereintrag) oder auch zu anderen Zeitpunkten (hier symbolisiert über mehrere Kalendereinträge) auftritt. Das Fragezeichen illustriert dabei die Suche nach der Variation über Zeit. Das Symbol für die Variation des Ereignisses *über die Situation* (Abb. 2.1c) illustriert die Frage, ob das Verhalten einer bestimmten Person (mit der Lupe gekennzeichnet) nur in einem bestimmten Kontext (mit dem Symbol der Firma gekennzeichnet) oder auch in anderen Kontexten (hier mit dem Haussymbol illustriert) auftritt. Das Fragezeichen illustriert dabei die Suche nach der Variation über Situationen. Die Ausprägungen der Situation können sehr vielfältig sein – neben verschiedenen Orten sind beispielsweise auch Rollen, Anlässe und Themen charakteristisch für Situationen.

Tab. 2.1 verdeutlicht die möglichen Ausprägungen der Kategorien anhand praktischer Beispiele aus der Arbeitswelt. Als erstes Beispiel steht Frau Müller für eine Arbeitnehmerin, die zu spät zur Arbeit kommt. Ihr Chef ärgert sich deswegen und versucht, die Informationen aus den verschiedenen Kategorien zu nutzen, um zu einer Abschätzung über die Ursachen zu kommen. Dazu nutzt er Fragen zu den verschiedenen Informationskategorien. Anschließend werden zwei weitere Bei-

2.2 · Woher kommen Attributionen?

spiele mit den dazugehörigen Fragen vorgestellt. Bei der Kategorie der Situation wird die genaue Form der betrachteten Situation in Klammern aufgeführt.

Kelley nimmt an, dass auf Basis vorhandener Informationen Antworten auf die in Tab. 2.1 beispielhaft genannten Fragen gegeben werden können. Von der Kombination der Antworten hängt es ab, wem oder was die Ursache für ein Ereignis zugeschrieben wird. Angewandt auf das Beispiel von Frau Müller könnte die Ursachenerklärung folgendermaßen aussehen:

— *Attribution auf die handelnde Person*: Nur Frau Müller kommt heute zu spät, so wie jeden Morgen. Unpünktliches Verhalten zeigt sie sowohl bei der Arbeit als auch bei nicht dienstlichen Terminen. Deshalb wird als Ursache für Frau Müllers Verspätung sie selbst vermutet. Vielleicht kann sie einfach nicht gut Termine einhalten.
— *Attribution auf den Zeitpunkt*: Nur Frau Müller kommt heute zu spät. Das ist außergewöhnlich, ansonsten erscheint sie pünktlich zur Arbeit. Auch bei privaten Terminen ist sie pünktlich. Deshalb werden als Ursache für Frau Müllers Verspätung Besonderheiten des heutigen Tages vermutet. Vielleicht war ihr Auto defekt.
— *Attribution auf die Situation*: Nicht nur Frau Müller, sondern alle Mitarbeitenden kommen heute zu spät. Alle Mitarbeitenden inklusive Frau Müller kommen immer zu spät zur Arbeit. Bei privaten Terminen ist Frau Müller pünktlich. Deshalb wird als Ursache für Frau Müllers Verspätung ein Merkmal in der Arbeitssituation vermutet. Vielleicht erschwert die mehrmonatige Sperrung einer zentralen Anfahrtsroute in der Nähe der Firma ein pünktliches Erscheinen zur Arbeit.

In Abb. 2.2 werden die Kombination der Variationen über Personen, die Zeit und Situationen illustriert, die bei einer Attribution auf die handelnde Person, den Zeitpunkt oder die Situation vorliegen.

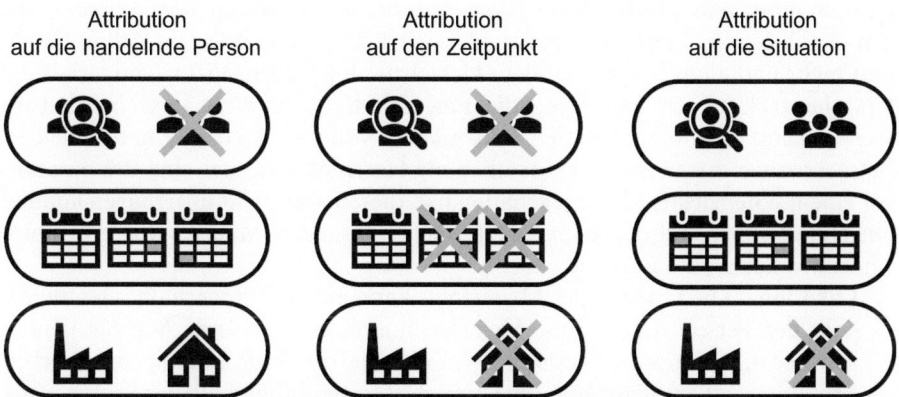

◘ **Abb. 2.2** Notwendige Kombinationen der Variationen über Personen, die Zeit und Situationen, um auf die Person, den Zeitpunkt oder die Situation realistisch attribuieren zu können

- **Rückmeldungen anderer Personen als Quelle von Attributionen**

Neben Informationen zum Ereignis können auch Rückmeldungen bedeutsamer Personen (etwa von einer Führungskraft) zur Bildung von Attributionen beitragen. Leistungsrückmeldungen können sich in vielen Aspekten voneinander unterscheiden, unter anderem in Bezug auf Anstrengungen oder Fähigkeiten einer Person Anstrengungsbezogenes Feedback wie *„Sie haben sich in diesem Projekt echt engagiert!"* oder *„Ich habe den Eindruck, dass es Ihnen an der nötigen Sorgfalt gefehlt hat."* basiert auf den Anstrengungen, die eine Person unternommen hat. Fähigkeitsbezogenes Feedback wie *„Präsentieren liegt Ihnen einfach nicht!"* oder *„Ich habe den Eindruck, Sie sind wie gemacht dafür, Kunden zu überzeugen."* bezieht sich hingegen auf die vermeintlich hohen oder niedrigen Fähigkeiten einer Person.

Je nach Art der Rückmeldung werden unterschiedliche Attributionen beim Empfänger nahegelegt und können in der Folge unter anderem Auswirkungen auf die zukünftige Motivation haben. Diese Auswirkungen werden im folgenden Kapitel genauer betrachtet. Im Hinblick auf Leistungsfeedbacks sollte beachtet werden, dass anstrengungsbezogene Rückmeldungen vor allem bei Aufgaben sinnvoll sind, die durch Anstrengung beeinflusst werden können (Mueller und Dweck 1998; Baumeister et al. 1990). Im Kontext der Arbeit tragen zum Erfolg bei solchen Aufgaben vor allem Konzentration, Sorgfalt, Ausdauer und Engagement bei.

2.3 Welche Eigenschaften haben Attributionen?

Ein weit verbreitetes Modell zur Motivation im Leistungskontext ist die Attributionstheorie der Motivation und Emotion von Bernard Weiner aus dem Jahr 1985. Weiner nimmt an, dass Menschen im Leistungskontext, also zum Beispiel im Beruf, vor allem dann Ursachenerklärungen bilden, wenn ein angestrebtes Ziel nicht erreicht wurde.

Menschen ziehen zur Erklärung von Handlungsergebnissen im Leistungskontext vor allem die von Weiner prototypisch angeführten Faktoren Begabung, Anstrengung, individuelle Strategien sowie die Schwierigkeit der Aufgabe und den Zufall heran. Tatsächlich verwenden wir bei Attributionen im Alltag häufig weit mehr und zum Teil auch andere Ursachenerklärungen. Viel wichtiger als die Ursachenerklärungen selbst sind die Eigenschaften, die diese Ursachen haben. Weiner nennt diese Eigenschaften *Dimensionen*, von welchen er vier unterscheidet. Betrachten wir zur besseren Verdeutlichung Herrn Maurer, der eine Präsentation vor einem potenziellen Kunden gehalten hat, diesen aber nicht überzeugen konnte. Die Dimensionen, auf denen man die Ursachen für Herrn Maurers Misserfolg nun einordnen kann, sind folgende:

- **Lokation** – Die Ursache des Misserfolgs kann entweder innerhalb oder außerhalb der Person liegen. Eine Ursache innerhalb von Herrn Maurer könnte bspw. sein, dass er kurz vor der Präsentation krank wurde und mit einer starken Erkältung zu kämpfen hatte. Eine typische Ursache außerhalb der Person wäre, dass das Computersystem der Firma einige Zeit ausgefallen ist und damit das Arbeiten für Herrn Maurer unmöglich war.

2.3 · Welche Eigenschaften haben Attributionen?

- **Stabilität** – Die Ursache kann entweder zeitlich stabil oder variabel sein. Eine zeitlich stabile Ursache könnte bei Herrn Maurer sein, dass er in der Drucksituation des Präsentierens vor Kunden oft unsicher ist. Zeitlich variabel wäre die Ursache, wenn Herrn Maurers Misserfolg bei der Kundenpräsentation in massiver Müdigkeit am Präsentationstag begründet ist.
- **Kontrollierbarkeit** – Hierbei wird unterschieden, ob die handelnde Person meint, selbst oder durch andere Einfluss auf die Ursachen zu haben (kontrollierbar) oder ob kein Einfluss auf die Ursache besteht (unkontrollierbar). Als kontrollierbar für Herrn Maurer kann seine eigene Arbeitshaltung und Anstrengung angesehen werden. Auch die Arbeitshaltung und Anstrengung seiner Kolleg*innen kann Herr Maurer zumindest teilweise beeinflussen, indem er sie darauf anspricht oder Hilfestellungen gibt. Dagegen ist das Finanzbudget des Kunden weder durch ihn noch durch seine Kolleg*innen kontrollierbar.
- **Globalität** – Die Ursache kann entweder global oder spezifisch sein. Eine globale Ursache für Herrn Maurers Misserfolg kann sein, dass er generell ein schüchterner Mensch ist. Eine spezifische Ursache wäre beispielsweise dann gegeben, wenn Herr Maurer durch das dominante Verhalten genau dieses Kunden eingeschüchtert ist.

Die von Weiner benannten Dimensionen werden in diesem Band zur besseren Veranschaulichung über verschiedene Symbole illustriert. Die verwendeten Symbole sind in Abb. 2.3 abgebildet.

Jede Attribution für ein Ereignis kann auf diesen vier Dimensionen eingeordnet werden. Im Folgenden sollen einige mögliche Kombinationen der Dimensionen mit Beispielen aus dem Arbeitsalltag verdeutlicht werden.

◘ **Abb. 2.3** Symbole zur Illustration der Bedeutung der einzelnen Dimensionen von Attributionen nach Weiner

- Herr Maurer scheitert bei der Präsentation vor einem potenziellen Kunden. Im Anschluss sieht er als Ursache dafür seine vermeintlich geringe **Begabung** an, Menschen für sich einzunehmen und zu überzeugen. Wir betrachten Begabung typischerweise als einen Faktor innerhalb der Person (internal), der von gewisser zeitlicher Dauer (stabil) und nicht gut beeinflussbar (unkontrollierbar) ist sowie in einer Reihe von Anforderungssituationen wirkt (global).
- Alternativ könnte Herr Maurer seinen Misserfolg auch darauf zurückführen, zu wenig Zeit und Mühe in die Präsentation investiert zu haben. Diese Ursachenerklärung entspricht am ehesten dem, was Weiner mit Anstrengung bezeichnet. Wir betrachten **Anstrengung** typischerweise als internal, zeitlich variabel, kontrollierbar und spezifisch.
- Eine dritte mögliche Ursache wäre die **Schwierigkeit der Aufgabe**: Herr Maurer assistierte bei der Vorbereitung seinem erfahrenen Kollegen, der auch vor dem Kunden präsentieren sollte. Da der Kollege kurzfristig ausfiel, musste Herr Maurer ihn vertreten, ohne die nötige Erfahrung und Expertise zu haben. Dieser Faktor, die Schwierigkeit der Aufgabe, wird typischerweise als external, zeitlich stabil, kontrollierbar sowie spezifisch angesehen.
- Herr Maurer könnte auch den **Zufall** als Ursache betrachten. Aufgrund eines Unfalls stand er im Stau, kam zu spät zur Präsentation und hatte deshalb zu wenig Zeit, um alle Argumente überzeugend vorzutragen. Der Zufall liegt somit außerhalb seiner Person (external), ist zeitlich variabel sowie nicht durch Herrn Maurer kontrollierbar und spezifisch.

2.4 Welche Konsequenzen haben Attributionen?

Nach Weiner (1985) und seiner Attributionstheorie der Motivation und Emotion beeinflussen Attributionen die Erfolgserwartung für zukünftige Ereignisse sowie die Gefühlslage von Personen. Hierbei sind vor allem die Dimensionen der Ursachenerklärungen (siehe Abschnitt 2.3) bedeutsam. Das Zusammenspiel der Dimensionsausprägungen mit den Konsequenzen wird in Tab. 2.2 anhand des vorherigen Beispiels von Herrn Maurer illustriert.

In der Folge können Erfolgserwartung und Gefühlslage auch zukünftiges Verhalten beeinflussen. Sieht eine Person als Ursache für ihren Misserfolg variable Faktoren (wie beispielsweise mangelnde Anstrengung) an, wird ihre Erfolgserwartung weniger beeinträchtigt. Sie wird versuchen, bei zukünftigen Aufgaben durch eine Steigerung ihrer Anstrengung bessere Leistungen zu erzielen. Wird der Misserfolg dagegen auf eine stabile Ursache zurückgeführt (zum Beispiel auf mangelnde Begabung), kann dies durch die verringerte Erfolgserwartung zu weniger Ausdauer und zur Vermeidung leistungsbezogener Handlungen führen. Somit ist es nach dem Misserfolg für Herrn Maurer motivationsförderlich für seine zukünftigen Leistungen, wenn er nicht seine eigene vermeintlich geringe Begabung als Ursache wahrnimmt, sondern beispielsweise die Anstrengung, die er in die Vorbereitung der Präsentation investiert hat. Auch die durch Attributionen entstandene Gefühlslage kann sich auf zukünftiges Verhalten auswirken – so könnten etwa empfundene Verantwortung und Schuld nach einem Misserfolg dazu motivieren, zukünftig für einen erfolgreicheren Verlauf einzutreten (Haynes et al. 2009).

2.4 · Welche Konsequenzen haben Attributionen?

> **Tab. 2.2** Auswirkungen der wahrgenommenen Ursachendimensionen auf die Erfolgserwartung und Gefühlslage

Dimension	Beeinflusster Aspekt	Beispiel Herr Maurer
Lokation	**Gefühlslage** Wird nach einem Misserfolg die Ursache innerhalb der Person gesehen, werden Stolz und Selbstwert eher angegriffen, als wenn die Ursache außerhalb der Person wahrgenommen wird.	Herr Maurer nimmt nach einer kritischen Bemerkung seines Teamleiters an, dass der Misserfolg bei der Kundenpräsentation aufgrund seiner mangelnden Sprachkenntnisse zustande kam. Dies beeinträchtigt seinen Selbstwert, da er bisher immer annahm, gutes Englisch zu sprechen. Sieht Herr Maurer dagegen die ungenügenden Fähigkeiten seiner Kollegin bei der Gestaltung der Folien als ursächlich an, wird sein Stolz weniger beeinträchtigt. Es waren nicht seine Fähigkeiten, die zu schlecht waren.
Stabilität	**Erfolgserwartung** Bei einer variablen Ursache für einen Misserfolg sinkt die Erwartung, zukünftig Erfolg zu haben weniger als bei zeitlich stabilen Ursachen.	Herr Maurer mag Präsentationen vor potenziellen Kunden einfach nicht – deshalb glaubt er, sich für die Vorbereitung nicht gut motivieren zu können. Nimmt er einen solchen stabilen Grund für den Misserfolg an, ist seine Erwartung, dass die nächste Präsentation bessere Ergebnisse liefern wird, nicht sehr hoch. Glaubt Herr Maurer dagegen, dass seine fehlende Sorgfalt bei der Vorbereitung für die Kundenpräsentation auf seinen grippalen Infekt zurückzuführen ist, hat er die Erwartung, dass die nächste Präsentation besser werden wird. In zwei Wochen ist der Infekt längst überstanden und er kann sich wieder auf seine Arbeit konzentrieren.
Kontrollierbarkeit	**Gefühlslage** Wird nach einem Misserfolg die Ursache als kontrollierbar wahrgenommen, resultieren wahrscheinlicher Gefühle wie Scham und Schuld. Dagegen werden eher Gefühle des Ärgers empfunden, wenn die Ursache nicht selbst (wohl aber durch andere) kontrollierbar erscheint.	Herr Maurer sieht seine mangelnde Anstrengung im Vorfeld der Kundenpräsentation als Ursache. Er hätte sich für die Vorbereitung der Präsentation einige Stunden blocken und so mehr Anstrengung in die Ausarbeitung der Folien und des Vortrags investieren können. Er fühlt sich deshalb selbst verantwortlich und schuldig dafür, dass der Firma der Auftrag entgangen ist. Sieht Herr Maurer dagegen den mitarbeitenden Kollegen als verantwortlich für den Misserfolg an, da dieser seine Aufgaben nur halbherzig erledigt hat, ist er sauer auf ihn. Er selbst fühlt sich nicht schuldig.

(Fortsetzung)

◘ **Tab. 2.2** (Fortsetzung)

Dimension	Beeinflusster Aspekt	Beispiel Herr Maurer
Globalität	**Übertragbarkeit** Wird nach einem Misserfolg die Ursache als global wahrgenommen, werden sich die Verhaltenskonsequenzen (etwa hinsichtlich Erfolgserwartung und Stimmungslage) auch auf andere, nur entfernt verwandte Situationen übertragen. Wird der Grund in spezifischen Ursachen gesehen, dann bleiben die Wirkungen auf diese Situation beschränkt.	Denkt Herr Maurer von sich selbst, dass er mit Situationen, die ihn unter Druck setzen, im Beruf einfach nicht gut umgehen kann, dann wird sich in der Folge seine niedrige Erfolgserwartung auch auf andere Anforderungssituationen übertragen. Er wird nicht nur für Kundenpräsentationen wenig Erfolg erwarten. Zudem schämt er sich aufgrund seiner mangelnden mentalen Stärke, was sich auch auf zukünftige Anforderungssituationen überträgt. Sieht Herr Maurer dagegen den Misserfolg in einer spezifischen Ursache begründet (etwa einer vermuteten Antipathie des Kunden ihm gegenüber), gibt es keinen Grund, auch bei anderen Kunden oder in anderen Anforderungssituationen einen Misserfolg zu erwarten. Seine negativen Gefühle beschränken sich allein auf die Situation in dieser Kundenpräsentation.

2.5 Fazit

■ *Was sind Attributionen?*

Unter Attributionen (oder auch Ursachenerklärungen) sind Zuschreibungen von Ursachen für Handlungen und Verhaltensweisen zu verstehen. In Leistungssituationen werden Attributionen vor allem dann gebildet, wenn ein Misserfolg zu verarbeiten ist. Attributionen dienen dazu, Kontrolle zu gewinnen und damit zukünftig erfolgreich(er) handeln zu können.

■ *Woher kommen Attributionen?*

Attributionen können auf der Basis von Informationen gebildet werden, die mit dem Ereignis variieren und sich auf Personen, die Zeit sowie Situationen beziehen. Je nach Kombination der Informationen werden Ereignissen entsprechende Ursachen zugeschrieben. Darüber hinaus können auch Rückmeldungen von anderen Personen zur Bildung von Attributionen herangezogen werden. Hierbei wird zwischen anstrengungsbezogenem und fähigkeitsbezogenem Feedback unterschieden.

■ *Welche Eigenschaften haben Attributionen?*

Die Eigenschaften von Attributionen lassen sich auf unterschiedlichen Dimensionen einordnen. Dazu gehören Lokation, Stabilität, Kontrollierbarkeit und Globalität.

- **Welche Konsequenzen haben Attributionen?**

Je nach Ausprägung der Attribution auf den vier Dimensionen können Gefühlslagen, zukünftige Erfolgserwartungen sowie deren Übertragbarkeit auf andere, entfernt verwandte Situationen beeinflusst werden. Diese Effekte können sich wiederum auf zukünftiges Verhalten auswirken.

Literatur

Baumeister, R. F., Hutton, D. G., & Cairns, K. J. (1990). Negative effects of praise on skilled performance. *Basic and Applied Social Psychology, 11*(2), 131–148. https://doi.org/10.1207/s15324834basp1102_2.

Haynes, T. L., Perry, R. P., Stupnisky, R. H., & Daniels, L. M. (2009). A review of attributional retraining treatments: Fostering engagement and persistence in vulnerable college students. In J. S. Smart (Hrsg.), *Higher education: Handbook of theory and research, Volume 24* (S. 227–272). Dordrecht: Springer.

Heider, F. (1958). *Psychological theory of attribution: The psychology of interpersonal relation.* New York: Wiley.

Kelley, H. H. (1973). The processes of causal attribution. *American Psychologist, 28*(2), 107–128. https://doi.org/10.1037/h0034225.

Mueller, C. M., & Dweck, C. S. (1998). Praise for intelligence can undermine children's motivation and performance. *Journal of Personality and Social Psychology, 75*(1), 33–52. https://doi.org/10.1037/0022-3514.75.1.33.

Stiensmeier-Pelster, J., & Heckhausen, H. (2018). Kausalattribution von Verhalten und Leistung. In J. Heckhausen & H. Heckhausen (Hrsg.), *Motivation und Handeln* (5. Aufl., S. 451–492). Berlin/Heidelberg: Springer.

Weiner, B. (1985). An attributional theory of achievement motivation and emotion. *Psychological Review, 92*(4), 548–573. https://doi.org/10.1037/0033-295X.92.4.548.

Gedanken verändern: Trainings zur Veränderung von Attributionen

Inhaltsverzeichnis

3.1 Was sind Trainings zur Veränderung von Ursachenerklärungen? – 26

3.2 Was soll erreicht werden? – 27

3.3 Wie wird typischerweise vorgegangen? – 29

3.4 Was sind typische Techniken? – 31

3.5 Was ist sonst noch zu beachten? – Attributionsstile – 33

3.6 Wissenschaftliche Beispiele für Trainings zur Veränderung von Attributionen – 33

3.7 Fazit – 36

Literatur – 36

© Springer Fachmedien Wiesbaden GmbH, ein Teil von Springer Nature 2021
N. Fischer et al., *Stark im Scheitern - Motivation nach Misserfolgen*,
https://doi.org/10.1007/978-3-658-33281-5_3

Attributionen wirken sich über Motivationsprozesse auf das Verhalten von Personen aus. Daher sind Ursachenerklärungen auch ein wichtiger Ansatzpunkt, um die Motivation von Mitarbeitenden zu fördern. Die Veränderung von Gedanken hilft Personen dabei, ihr zukünftiges Verhalten anzupassen und einerseits trotz Misserfolgen weiterhin gute Leistungen zu erzielen und andererseits erzielte Erfolge motivationsförderlich zu verarbeiten. In diesem Kapitel wird auf die Ziele von Trainings zur Veränderung von Attributionen eingegangen. Zudem werden das genaue Vorgehen und unterschiedliche Techniken geschildert. Anhand von Beispielen werden die Maßnahmen und deren Effekte illustriert.

Das Kapitel geht auf folgende Leitfragen ein:

— *Was sind Trainings zur Veränderung von Attributionen?*
— *Welche Ziele verfolgen solche Trainings?*
— *Wie geht man vor, wenn man Attributionen verändern möchte?*
— *Welche Techniken kann man anwenden, um Ursachenerklärungen zu verändern?*

▶ **Beispiel: Gescheiterter Investor*innen-Pitch**

Tim ist Mitarbeiter eines Start-Ups für spezielle Craft-Biere. Zu seinen Aufgaben gehört es, Investor*innen an Land zu ziehen, damit die Firma wächst. Gerade befindet er sich in einem solchen Investor*innen-Pitch und stellt die Geschäftsidee vor. Die Investor*innen haben von Anfang an klar gemacht, dass mehrere Start-Ups um dieses Investment buhlen – jetzt kommt es also voll und ganz auf Tim an. Mitten im Pitch stellt einer der Investor*innen eine Frage, die Tim klar vor Augen führt, dass seine Argumentation gerade angezweifelt wird. Er denkt kurz über eine Antwort nach – die Investor*innen schauen schon genervt auf die Uhr, Tims Anspannung steigt. Wenn er jetzt keine überzeugende Antwort gibt, ist das Investment dahin. Unwillkürlich muss er an den letzten Investor*innen-Pitch denken, in dem ihm eine inhaltliche Frage gestellt wurde, die er nicht zufriedenstellend beantworten konnte – die Möglichkeit, das Investment zu bekommen, war vertan. „Das darf mir jetzt nicht wieder passieren" – „Ich hab' schon wieder einen Blackout". Tim versucht sich an einer Antwort, verhaspelt sich, fängt an zu stottern. Er muss den Pitch abbrechen. „Ich kann unter Druck einfach nicht bestehen", ist Tims enttäuschtes Fazit am Ende des Investor*innen-Pitchs. ◀

3.1 Was sind Trainings zur Veränderung von Ursachenerklärungen?

Auch wenn Gedanken oft unbewusst entstehen, ist es möglich, sie zu verändern und willentlich zu steuern. Zur Veränderung von Attributionen für Ereignisse (z. B. eigene oder fremde Leistung) werden bestimmte Trainings eingesetzt. Diese beinhalten psychologische Techniken, welche die aktuell vorliegenden (ungünstigen und ggf. unrealistischen) Attributionen in günstiger Art und Weise verändern. Dadurch werden das Erleben und Verhalten der betroffenen Person beeinflusst; Motivation und Leistung können so gesteigert werden (Haynes et al. 2009; Jackson et al. 2009).

In unserem Beispiel des Start-Up Mitarbeiters Tim führt dieser das Scheitern beim Investor*innen-Pitch auf seine vermeintliche mentale Schwäche zurück. Da es sich bei mentaler Schwäche um eine eher stabile, innerhalb der Person liegende Eigenschaft handelt, fühlt sich Tim schlecht und hat den Eindruck, nichts an der Situation ändern zu können. Seine Einstellung gegenüber zukünftigen Pitches ist pessimistisch, der Fehler/Blackout kann ihm jederzeit wieder passieren und er kann nichts dagegen tun. Seine aktuelle Ursachenerklärung ist somit ungünstig.

> Trainings zur Veränderung von Attributionen sind psychologische Techniken, die aktuell vorliegende (ungünstige und ggf. unrealistische) Ursachenerklärungen in günstiger Art und Weise verändern.

3.2 Was soll erreicht werden?

Das Ziel eines Trainings zur Veränderung von Attributionen ist, dass sich Personen Ergebnisse bestimmter Ereignisse (z. B. Erfolg oder Misserfolg) durch angemessenere, motivational günstigere Ursachen erklären. Dies hat positive Effekte darauf, wie sich Personen fühlen, was sie denken und wie sie sich verhalten. In dem oben genannten Beispiel ist die von Tim gefundene Ursache – mental vermeintlich zu schwach zu sein und unter Druck nicht bestehen zu können – die Ursachenerklärung des Misserfolgs. Wie aber wäre es, wenn Tim eine andere Ursache für den gescheiterten Investor*innen-Pitch sieht? Möglicherweise hält Tim seine bisherige Pitch-Strategie nicht für geeignet: Statt zuerst die inhaltlichen Argumente vorzubringen und das Produkt mithilfe einer Präsentation verteidigen zu müssen, könnte er vielleicht auch mit einer Bierprobe starten. So könnte seine Argumentation durch das Geschmackserlebnis untermauert werden. Eine weitere denkbare Ursache wäre, dass sich die „Trainings-Bedingungen" stark von den Pitch-Bedingungen unterscheiden: Während sich Tim zu Hause beim Probedurchlauf seines Pitchs viel Zeit nimmt und ihm vertraute Personen zuhören, muss er im Pitch selbst auf den Punkt genau, so schnell wie möglich und ohne zu zögern reagieren, um den Anschein von Unsicherheit um jeden Preis zu vermeiden.

Für einen Misserfolg kann es somit viele denkbare Ursachen geben. Einige davon sind gleichermaßen plausibel, jedoch sind manche förderlicher für die Motivation als andere. Als günstige Attributionen werden solche angesehen, die förderlich für die Motivation sind. Sie zeichnen sich dadurch aus, dass sie innerhalb der Person liegen, zeitlich variabel, kontrollierbar und spezifisch für eine Situation sind (Haynes et al. 2009; Jackson et al. 2009). Im Beispiel „Gescheiterter Investor*innen-Pitch" wäre ein innerhalb der Person liegender und kontrollierbarer Faktor beispielsweise die strategische Vorbereitung auf die mentale Anforderungssituation im Pitch. Diese Strategie ist zudem zeitlich variabel und spezifisch für die Situation des Pitchs.

Ein Ziel von Trainings zur Veränderung von Attributionen ist, dass Personen erkennen, dass sie Misserfolgen nicht „hilflos ausgeliefert" sind, sondern sie und andere selbst aktiv etwas für die Erreichung besserer Leistungen in Zukunft tun können. Durch veränderte Attributionen erhalten Personen neue Motivation, sie haben positivere Gedanken, erleben Erfolge und Misserfolge als kontrollierbar und fühlen sich besser. Dies kann sich in zukünftigen Situationen positiv auswirken (Haynes et al. 2009; Jackson et al. 2009). Tab. 3.1 stellt günstige Attributionen ungünstigen gegenüber und vergleicht deren Folgen.

Trainings zur Veränderung von Attributionen können von jeder Person durchgeführt werden, die mit den entsprechenden Techniken vertraut ist. Die Techniken können auf die jeweilige Situation und Person angepasst werden. Wenn das Konzept verstanden wurde, ist es nicht nur möglich, dass zum Beispiel eine Führungskraft ihre Mitarbeitenden schult, auch die Mitarbeitenden selbst können ihre Attributionen hinterfragen und verändern.

Tab. 3.1 Beispiele für günstige & ungünstige Attributionen und deren Folgen

	Beispielhafte Ausgangssituation – Misserfolgserlebnis: Blackout im Investor*innen-Pitch und somit Verlust eines Investments.	
	günstige Attributionen	ungünstige Attributionen
Beispiele für Attributionen	„Ich habe die Eigenschaften unseres Produkts nicht genug verinnerlicht."	„Ich kann das einfach nicht."
	„Meine aktuelle Pitch-Strategie liegt mir nicht."	„Ich bin zu schlecht dafür."
	„Ich habe mir beim Testdurchlauf nie die Pitch-Situation und den Druck dahinter vorgestellt."	„Ich kann mit dem Druck bei Leistungssituationen einfach nicht umgehen."
Eigenschaften der Attributionen	Internal, kontrollierbar, zeitlich variabel, spezifisch	External, nicht kontrollierbar, zeitlich stabil, global
	→ „Ich habe es selbst in der Hand, mich zu verbessern."	→ „Ich kann nichts daran ändern, dass ich schlecht bin."
Gefühle	ermutigt, optimistisch, fokussiert, bestärkt	entmutigt, pessimistisch, niedergeschlagen, hilflos
Motivation	Motivation steigt	Motivation sinkt
zukünftige Probedurchläufe	Motivierte Einstellung, Lust am Arbeiten und verbesserte Leistung	Bedrückte Stimmung und unsicheres Gefühl im Probedurchlauf.
	Im Beispiel: verstärkte Probedurchläufe vor Wettbewerbssituationen; Berücksichtigung der realen Bedingungen; Veränderung der Pitch-Strategie; mentales Hineinversetzen in die Pitch-Situation	Im Beispiel: Keine Veränderung des Pitch-Ablaufs und ggf. Verschlechterung der Leistung

Auch wenn sich Trainings zur Veränderung von Attributionen nicht immer in vollem Umfang und in Reinform im typischen Arbeitsalltag realisieren lassen, ergeben sich aus der Darstellung dieser Trainings viele Ansatzpunkte im Sinne einzelner Techniken, die im beruflichen Alltag eingesetzt werden können.

3.3 Wie wird typischerweise vorgegangen?

Zur Veränderung von Attributionen wird in vollständigen Trainings typischerweise schrittweise vorgegangen. Die insgesamt sechs Schritte werden nachfolgend dargestellt. Sie beschreiben einen idealtypischen Ablauf, der beim realen Einsatz der Techniken im Arbeitskontext meist nicht eins zu eins umgesetzt werden kann. Die Kenntnis des Ablaufs ist jedoch auch hilfreich, wenn einzelne dieser Schritte nur in Ansätzen und unter zeitlicher Begrenzung realisiert werden sollen.

1. **Aktuelle Attributionen erkunden:** Trainings zur Veränderung von Attributionen können bei bestimmten Personen besonders große Effekte erzielen. Das ist vor allen Dingen dann der Fall, wenn die aktuelle Art und Weise der Attribution ungünstig ist, beispielsweise wenn die Ursachen bei eigenen Misserfolgen als nicht beeinflussbar angesehen werden und auch bei Erfolgen nicht klar der eigene Anteil erkannt wird. Zunächst sollten also die aktuellen Ursachenerklärungen der Person erkundet werden: Wenn die Person einen Misserfolg erlebt, auf welche Ursachen führt sie diesen zurück? Sind ihre aktuellen Attributionen ungünstig und motivationsabträglich? Hat sie das Gefühl, die Kontrolle über die Situation zu haben? Anhand dessen lässt sich ableiten, bei welchen Personen die Durchführung von Maßnahmen zur Veränderung von Ursachenerklärungen besonders sinnvoll sind.
2. **Festlegung des Ziels:** Im zweiten Schritt wird nun überlegt, was das Ziel der Person ist. Hierbei ist es wichtig, dass das Ziel sehr konkret und auf die betreffende Person ausgerichtet ist. Folgende Fragen können bei der Zielsetzung zusätzlich hilfreich sein: Was soll erreicht werden? Wie soll das Ziel erreicht werden? Bis wann soll das Ziel erreicht werden?
3. **Überprüfung des Ziels:** Nachdem das Ziel festgelegt wurde, sollte überprüft werden, ob es auch für die betroffene Person realisierbar ist. Zu hoch gesteckte oder unrealistische Ziele können auch mit Hilfe von Trainings zur Veränderung von Ursachenerklärungen kaum erreicht werden. Wenn vermutet wird, dass ein*e Mitarbeiter*in häufige Misserfolge aufgrund einer falschen Strategie erlebt, könnte das Ziel sein, dass eine neue Strategie angewendet wird. Es ist dann sicherzustellen, dass er*sie die Vorkenntnisse zum Erlernen und zur Anwendung dieser besitzt, damit die Erreichung des Ziels realistisch ist.
4. **Auswahl der Techniken und Materialien:** Im nächsten Schritt sollte nun festgelegt werden, welche Techniken benutzt werden. Im nächsten Abschnitt (Abschnitt 3.4) werden mögliche Techniken sowie die dazugehörigen Materialien erläutert.
5. **Training zur Veränderung der Attributionen:** Der fünfte Schritt stellt die tatsächliche Änderung der typischen Attributionsmuster dar. Mithilfe der ausgewählten Techniken und dazugehörigen Materialien werden ungünstige Ursachenerklärungen zu förderlichen verändert.
6. **Überprüfung des Erfolgs:** Zum Abschluss empfiehlt es sich, den Erfolg des Trainings zu überprüfen. Haben sich die Attributionen in wünschenswerter

Weise verändert? Wie geht die Person damit um, wenn sie einen erneuten Rückschlag erlebt? Kann die Person die erlernten Techniken bereits anwenden? Sollten Übungen wiederholt und gefestigt werden? Ist bereits feststellbar, dass sich die veränderten Ursachenerklärungen auch in verändertem Verhalten äußern?

▶ **Beispiel: Schrittweises Vorgehen zur Veränderung von Attributionen**

Anhand des Beispiels von Tim, der bei zwei Investor*innen-Pitches nacheinander Blackouts erlebt hat und somit keine Investments an Land ziehen konnte (siehe „Beispiel: Gescheiterter Investor*innen-Pitch"), gehen wir die Schritte des Trainings zur Veränderung von Attributionen durch:

1. *Aktuelle Attribution erkunden:* Tims Mentorin weiß, dass Tim nach dem letzten gescheiterten Pitch sehr niedergeschlagen war. Beim heutigen Pitch ist es erneut passiert. Sie sucht das Gespräch mit ihm und fragt ihn, welche Ursachen er dafür sieht. Tim sagt, dass er wohl einfach nicht mit dem Druck einer solchen für das Unternehmen existenziellen Situation umgehen könne. An dieser Aussage erkennt die Mentorin, dass Tim ungünstig attribuiert: Er führt den Misserfolg auf mangelnde mentale Stärke zurück, die er nicht kontrollieren kann. Die Durchführung von Techniken zur Veränderung von Attributionen ist bei Tim somit sehr sinnvoll.
2. *Festlegung des Ziels:* Die Mentorin legt mit Tim zusammen als Ziel fest, sein Bewusstsein dafür zu erhöhen, dass die Ursachen für die Blackouts zum Teil seiner eigenen Kontrolle unterliegen. Er soll erkennen, dass er die Ursachen gezielt so beeinflussen kann, dass er beim nächsten Pitch keinen Blackout mehr erlebt.
3. *Überprüfung des Ziels:* Die Mentorin weiß, dass Tim schon viele Pitches hinter sich gebracht hat, mit denen er erfolgreich Investor*innen begeistern konnte. Es ist also realistisch anzunehmen, dass er die Ursachen für die Blackouts selbst kontrollieren kann.
4. *Auswahl der Techniken und Materialien:* Es werden Techniken ausgewählt, die am besten zu Tim und dem Mentoring-Programm passen. Eine genauere Beschreibung möglicher Techniken folgt im Laufe des Kapitels.
5. *Training zur Veränderung der Attributionen:* Die Mentorin führt die Techniken zur Veränderung von Ursachenerklärungen anhand der vorgegebenen Materialien durch.
6. *Überprüfung des Erfolgs:* Beim nächsten Pitch ist Tim erfolgreich und erlebt keinen Blackout. Leider kommt es im übernächsten Pitch zu einem erneuten Rückschlag. Tims Mentorin spricht mit ihm und stellt fest, dass er zwar niedergeschlagen ist, aber zuversichtlicher wirkt als das letzte Mal. Als sie über mögliche Ursachen für den Misserfolg sprechen, merkt sie, dass Tim günstige Ursachenerklärungen wählt: „Ich muss gerade den Umgang mit der Drucksituation im Probedurchlauf noch intensiver üben, das habe ich in der letzten Woche wieder stark vernachlässigt." Das Training zur Veränderung von Attributionen war erfolgreich und Tims Grundlage für die weitere, verantwortungsvolle und erfolgreiche Arbeit mit den Investor*innen ist gelegt. ◀

3.4 Was sind typische Techniken?

Trainings zur Veränderung von Attributionen können in vier Techniken eingeteilt werden: Psychoedukation, Modellierungstechniken, Beobachtungsinformationen und Kommentierungstechniken.

- **Über Attributionen informieren: Psychoedukation**

Bei der Psychoedukation werden Informationen über Attributionen und der Möglichkeit zur Veränderung dieser gegeben. Die Person wird darüber informiert, was Ursachenerklärungen sind, wie sich diese auswirken und warum es sinnvoll sein kann, Attributionen gezielt zu verändern. Die Führungskraft kann Mitarbeitende zum Beispiel darüber informieren, welche Unterschiede es nach sich zieht, wenn Misserfolge auf äußere und stabile (z. B. Lobbyismus) oder auf innere variable (z. B. Strategie) Ursachen zurückgeführt werden. Die Mitarbeitenden entwickeln so ein Verständnis über die Art von Attributionen. Sie können dann eigene Ursachenerklärungen genauer beobachten und erkennen, was günstige von ungünstigen Attributionen unterscheidet. Unterstützende Materialien zur Durchführung einer Psychoedukation finden sich in Kap. 5.

> ▶ *Beispiel:*
> Tims Mentorin erklärt ihm, dass Gedanken eine wichtige Rolle bei der Verarbeitung von Misserfolgen spielen. Sie erläutert ihm die Unterschiede zwischen inneren und äußeren, stabilen und variablen, kontrollierbaren und unkontrollierbaren, spezifischen und globalen Attributionen. Weiter erklärt sie ihm, wie sich unterschiedliche Arten von Attributionen günstig oder ungünstig im Probedurchlauf oder in Wettbewerbssituationen auswirken können. ◀

- **Ein gutes Beispiel sein: Modellierungstechnik**

Diese Technik basiert auf den Erkenntnissen von Bandura (1977) zum Lernen aus Vorbildern. Bei dieser Technik stellt ein*e Mitarbeiter*in, eine Führungskraft oder ein Coach stellvertretend für alle Kolleg*innen ein Modell (Vorbild) dar. Er*Sie zeigt auf, welche Attributionen in einer gewissen Situation günstig wären. Die Darstellung des Modells kann in unterschiedlicher Form erfolgen: live, per Video oder in geschriebener Form. Ein Mitarbeiter könnte zum Beispiel von einer Wettbewerbssituation berichten, bei der er günstige Ursachenerklärungen angewendet hat; eine Führungskraft könnte über Mitarbeitende berichten, bei denen sie beobachten konnte, dass sie günstige Attributionen benutzen. Im Anschluss an die Darbietung des Modells wird noch einmal herausgestellt, warum es sich bei den geschilderten Ursachenerklärungen um günstige Ursachenerklärungen handelt. Die Modelle können aber auch selbst schildern, welche positiven Effekte die Attributionen auf ihre Motivation und Leistung hatten. Unterstützende Materialien zur Durchführung der Modellierungstechnik finden sich in Kap. 6.

> ▶ *Beispiel:*
> Tim liest den Bericht einer anderen Mitarbeiterin, in welchem sie aufzeigt, dass sie bei ihrem letzten Pitch wegen eines Blackouts den potenziellen Kunden nicht gewinnen konnte. Die Kollegin erklärt daraufhin, dass sie wohl die Strategie in der Vorbereitung

nicht gut genug durchdacht habe. Sie nimmt sich vor, diese in den nächsten Wochen mehr in ihren Fokus zu rücken, um beim nächsten Pitch wieder mehr Erfolg zu haben. Tims Mentorin bespricht dieses Video mit ihm und stellt heraus, dass der Schlüssel für Spitzenleistung ein angemessener Umgang mit Misserfolg und das Erkennen von eigenen Verbesserungsmöglichkeiten ist. ◀

- **Realistische Ursachen finden: Beobachtungsinformationen**
Bei dieser Technik zur Veränderung von Attributionen ist das Ziel, die Anleitung zur systematischen Suche von Informationen, die helfen können, unrealistische Ursachenerklärungen zu vermeiden. Diese Technik basiert damit auf der Attributionstheorie von Harold Kelley (vgl. Abschnitt 2.2).

Mitarbeitende werden beispielsweise nach einem Misserfolg angehalten, drei Arten von Fragen zu beantworten:
1. Ist der Misserfolg nur bei mir aufgetreten oder auch bei anderen?
   - Wenn Misserfolge auch bei anderen auftreten, dann liegt die Ursache wahrscheinlich in äußeren Umständen.
   - Wenn Misserfolge nur bei mir auftreten, dann liegt die Ursache innerhalb meiner Person.
2. Ist der Misserfolg in der Vergangenheit schon öfter aufgetreten?
   - Wenn der Misserfolg in der Vergangenheit selten aufgetreten ist, ist die Ursache wahrscheinlich zeitlich variabel.
   - Wenn der Misserfolg in der Vergangenheit schon öfter aufgetreten ist, dann ist es wahrscheinlich, dass die Ursache relativ stabil über die Zeit ist.
3. Ist der Misserfolg nur bei bestimmten Aufgaben aufgetreten oder auch bei anderen, nur entfernt verwandten Anforderungssituationen?
   - Wenn der Misserfolg nur in bestimmten Anforderungssituationen auftritt, dann ist es wahrscheinlich, dass die Ursache spezifisch ist.
   - Wenn der Misserfolg auch in entfernt verwandten Anforderungssituationen auftritt, ist es wahrscheinlich, dass die Ursache global ist.

Unterstützende Materialien zur Sammlung und Interpretation von Beobachtungsinformationen finden sich in Kap. 7.

▶ *Beispiel:*
Tim analysiert seinen Blackout im letzten Investor*innen-Pitch. Nur ihm ist dieser Fehler passiert (Ursache liegt somit in Tim). Auch im vorherigen Pitch hatte er schon Probleme, sich an Produktinformationen zu erinnern (Ursache scheint relativ stabil zu sein). Im Probedurchlauf treten diese Probleme allerdings nie auf (Ursache ist situationsspezifisch). Er schließt daraus, dass es wohl die spezifische Drucksituation des Pitchs ist, die ihm immer wieder Probleme bei spontanen Antworten zum Produkt bereitet. Er nimmt sich vor, den Umgang mit Druck im Probedurchlauf gezielt zu üben. Dazu wird er sich im Probedurchlauf mental in die Pitch-Situation hineinversetzen und hochrangige Kolleg*innen bitten, ihm kritische Fragen zu stellen. Er wird spüren, wie sein Puls und seine Atmung schneller werden, er wird die Blicke der Investor*innen wahrnehmen, die auf ihn gerichtet sind, und sich bewusst machen, dass es jetzt darauf ankommt, eine sehr gute Leistung zu zeigen. Genau wie im Pitch wird er jedes Zögern vermeiden und keine

Unsicherheit zeigen. Gegebenenfalls können in Absprache mit den Zuhöreenden absichtlich Störungen in den Probedurchlauf eingebunden werden, zum Beispiel durch besonders kritische Blicke oder durch das Ausüben von Zeitdruck durch die Zuhörenden. ◄

- **Erwünschte Attributionen äußern: Kommentierungstechnik**
Bei dieser Technik werden Leistungen der Mitarbeitenden im Sinne erwünschter Attributionen kommentiert. Nach einem Misserfolg kann ein Ereignis zum Beispiel mit „Du hast eine ungünstige Strategie verwendet, versuche das nächste Mal eine andere Strategie" oder „Du hast zu wenig dafür geübt, übe es im Probedurchlauf mehr" kommentiert werden. Diese Kommentare können von verschiedenen Quellen stammen, zum Beispiel von Mentor*innen, Coaches, der Führungskraft oder von anderen Kolleg*innen. Unterstützende Materialien zur Durchführung der Kommentierungstechnik finden sich in Kap. 8.

▶ *Beispiel:*
Tim erlebt beim Pitch wieder einen Blackout. Nach der Besprechung gibt ihm seine Mentorin den Hinweis, dass seine Strategie vielleicht nicht geeignet ist, um ihm Sicherheit zu geben und dass er diese vielleicht noch einmal überdenken sollte. ◄

Jede dieser Techniken kann in der Praxis sowohl einzeln als auch in Kombination angewendet werden. Hierbei ist es wichtig, auf die individuelle Situation der zu trainierenden Person einzugehen, da nicht für jede Person jede Technik gleich wirksam ist.

3.5 Was ist sonst noch zu beachten? – Attributionsstile

Welche Ursachenerklärungen Personen vornehmen, kann über verschiedene Situationen hinweg, egal ob bei Erfolg oder Misserfolg, erstaunlich stabil sein. Die Tendenz, in verschiedenen Situationen ähnliche Ursachenerklärungen zu bevorzugen, wird als *Attributionsstil* bezeichnet. Es kann sinnvoll sein, den Attributionsstil einer Person zu kennen, um individuelle Denkmuster besser nachvollziehen und diese in Reattributionstrainings berücksichtigen zu können. In Kap. 4 finden Sie Materialien zur Erkundung von Attributionsstilen.

3.6 Wissenschaftliche Beispiele für Trainings zur Veränderung von Attributionen

Obwohl die generelle Effektivität von Trainings zur Veränderung von Attributionen (sogenannte Reattributionstrainings) bereits in vielen Studien gezeigt werden konnte, gibt es konkret im Arbeits- und Organisationskontext erstaunlich wenige Forschungsarbeiten hierzu. Aus dieser kleinen Menge an Forschungsarbeiten wird im Folgenden eine konkrete Studie aus diesem Kontext und deren Befunde dargestellt; eine weitere Studie aus dem (Weiter-) Bildungskontext ergänzt die Darstellung zu Reattributionstrainings.

- **Reattributionstraining im Arbeitskontext**

Jackson und Kollegen untersuchten 2009 in ihrer Studie, wie ungünstige Attributionen nach erfolglosen Bewerbungsgesprächen verändert werden können. Nachdem ihr Attributionsstil bei bisher erlebten Misserfolgen bei Einstellungsgesprächen erhoben wurde (Attribution auf Fähigkeit, Anstrengung, Strategie, Glück, Qualität des Interviews), wurden die insgesamt 48 Teilnehmenden der Studie zufällig in zwei Gruppen aufgeteilt.

— Gruppe 1 erhielt das Reattributionstraining. Hierbei bekamen die Teilnehmenden ein kurzes Video präsentiert, in dem sich zwei Personen über mögliche Gründe unterhielten, wieso sie nach einem Bewerbungsgespräch den Job nicht bekommen hatten. Zudem wurden die Teilnehmenden von einer Trainerin über günstige und ungünstige Attributionen sowie deren Folgen aufgeklärt. Zur Festigung des neuen Wissens bearbeiteten die Teilnehmenden im Anschluss eine schriftliche Aufgabe, in der sie die Hauptaussagen des Videos zusammenfassen und eine günstige Ursachenerklärung für das im Video dargestellte Scheitern finden sollten. Zusätzlich sollten sie eigene Anwendungsbeispiele für ihre zukünftigen Bewerbungsgespräche finden.

— Gruppe 2 erhielt keine Motivationsförderung, sondern nahm an einem Kommunikationstraining teil. Hierbei sahen die Teilnehmenden ein Video, in dem sich zwei Personen über verbale und nonverbale Techniken in Bewerbungsgesprächen unterhielten. Zudem gab ihnen eine Trainerin weitere Informationen zu diesem Thema. Die Teilnehmenden bearbeiteten im Anschluss dieselbe Schreibaufgabe wie Gruppe 1.

Insgesamt zeigte sich bei dieser Studie, dass Teilnehmende, die das Reattributionstraining durchliefen, eigene Misserfolge stärker auf mangelnde Anstrengung zurückführten als Teilnehmende des Kommunikationstrainings. Diese Ursachenerklärung gilt als günstig für die zukünftige Motivation sowie die Gefühlslage. Weiterhin zeigten sich die Teilnehmenden des Reattributionstrainings motivierter für die Vorbereitung zukünftiger Bewerbungsgespräche. Es fand sich darüber hinaus, dass die förderliche Veränderung der Attribution durch das Training vom individuellen Attributionsstil abhing – hatten die Teilnehmenden vor dem Training einen pessimistischen Stil, war das Training effektiver als bei zuvor optimistischem Attributionsstil.

- **Reattributionstraining im Universitätskontext**

Haynes et al. (2008) führten ein Reattributionstraining mit 336 Studierenden durch. Ziel der Studie war es, ein Reattributionstraining hinsichtlich seines Effektes auf die Motivation und die Abschlussnote im ersten Studienjahr zu testen. Hierzu wurden die teilnehmenden Studierenden in zwei Gruppen aufgeteilt:

— Die Trainingsgruppe erhielt ein Reattributionstraining, welches Elemente der Psychoedukation und der Modellierungstechnik beinhaltete. Zunächst bekamen die Studierenden ein achtminütiges Video präsentiert, in welchem zwei Studierende (Modellpersonen) über ihr schlechtes Abschneiden in einem Test

3.6 · Wissenschaftliche Beispiele für Trainings zur Veränderung...

und mögliche Ursachen für diesen Misserfolg diskutierten. Sie sahen ihre geringe Begabung als Ursache für die schlechte Testleistung an. Nach einem Gespräch mit einem Freund änderte sich die Wahrnehmung: Nun sahen die Modellpersonen mangelnde Anstrengung und eine schlechte Lernstrategie als plausiblere Gründe für den Misserfolg an. Die Modellpersonen hoben hervor, dass mangelnde Anstrengung und eine schlechte Lernstrategie zeitlich variable und kontrollierbare Ursachen darstellen. Schließlich betonten sie noch, dass sie sich durch diese neue Ursachenerklärung ihres Misserfolgs besser fühlten und dass sich ihre Motivation und Leistung in Folge dieser Veränderung der Attribution gesteigert hätten. Das Video wurde eingerahmt durch Aussagen eines Psychologie-Professors, der nach der Diskussion die wichtigsten Erkenntnisse aus dem Gespräch zusammenfasste. Anschließend erhielten die teilnehmenden Studierenden ein Arbeitsblatt mit zwei Listen von möglichen Attributionen für eine schlechte akademische Leistung. Die eine Liste beinhaltete Beispiele für innerhalb der Person liegende, zeitlich stabile und unkontrollierbare Attributionen, also ungünstige Ursachenerklärungen (z. B. „Ich habe den Test nicht bestanden, weil ich nicht klug bin."). Die andere Liste enthielt Beispiele für innerhalb der Person liegende, zeitlich variable und kontrollierbare Attributionen, somit günstige Ursachenerklärungen (z. B. „Ich habe den Test nicht bestanden, weil ich nicht genug gelernt habe."). Der Trainer des Reattributionstrainings erklärte den Studierenden anhand dieses Arbeitsblattes, wie die ungünstigen Attributionen in günstige Attributionen umgeändert werden können. Als letzter Schritt im Training wurden die Studierenden dazu angeregt, ihre eigenen vergangenen Reaktionen nach einem Misserfolg zu erinnern. Zudem wurde zu einer vertieften Verarbeitung der gelernten Informationen der ersten Phase des Reattributionstrainings angeregt. Hierzu wurden sie aufgefordert, vier Aufgaben schriftlich zu bearbeiten: (1) Zusammenfassung der Kernelemente des Videos, (2) Auflistung wichtiger Ursachen für eine schlechte Leistung von Studierenden, (3) Finden von Beispielen, wie die Kernelemente des Videos auf den eigenen Studienalltag angewendet werden können, (4) Erinnerung an Situationen im eigenen Studienalltag, in denen eine schlechte Leistung gezeigt wurde und Reflexion der eigenen Gefühle in dieser Situation.
- Die Vergleichsgruppe erhielt kein Training.

In beiden Gruppen wurde zweimal die Motivation mithilfe eines Fragebogens erhoben – einmal vor dem Training und ein zweites Mal fünf Monate nach dem Training der Trainingsgruppe. Als Maß für die Leistung der teilnehmenden Studierenden beider Gruppen wurde am Ende des ersten Studienjahres die Durchschnittsnote herangezogen. Um auch hier ein Vergleichsmaß für die anfängliche Leistungsfähigkeit der Studierenden zu erfassen, wurde zudem für alle teilnehmenden Studierenden die Durchschnittsnote des letzten Schuljahres herangezogen.

Es zeigte sich, dass das Reattributionstraining eine positive Wirkung auf die Motivation der Studierenden hatte. Zudem wiesen Studierende der Trainingsgruppe am Ende des ersten Studienjahres bessere Leistungen auf. Dieser positive Effekt des Reattributionstrainings auf die Leistung kam durch eine Steigerung der Motivation zustande.

3.7 Fazit

- **Was sind Trainings zur Veränderung von Attributionen?**

Trainings zur Veränderung von Attributionen sind psychologische Techniken, welche die aktuell vorliegenden (ungünstigen und ggf. unrealistischen) Ursachenerklärungen einer Person in günstiger Art und Weise verändern.

- **Welche Ziele verfolgen solche Trainings?**

Erleben und Verhalten der betreffenden Person sollen beeinflusst werden; so können Motivation und Leistung gesteigert werden. Die Person soll erkennen, dass sie Misserfolgen nicht „hilflos ausgeliefert" ist, sondern dass sie und andere selbst aktiv etwas dagegen tun können. Misserfolge werden somit als kontrollierbar wahrgenommen und die Motivation für zukünftiges leistungsförderliches Verhalten wird gesteigert.

- **Wie gehe ich vor, wenn ich Attributionen verändern möchte?**

Vollständige Trainings zur Veränderung von Attributionen werden in sechs Schritten durchgeführt: Aktuelle Attributionen erkunden, Festlegung und Überprüfung des Ziels, Auswahl und Anwendung von Techniken, Erfolgsüberprüfung. Diese Schritte können in der Praxis im Arbeitskontext meist nicht eins zu eins umgesetzt werden. Es ist jedoch möglich, auch nur einzelne dieser Schritte in Ansätzen und unter zeitlicher Begrenzung zu realisieren.

- **Welche Techniken kann ich anwenden, um Ursachenerklärungen zu verändern?**

Es gibt vier Techniken, die zur Veränderung von Ursachenerklärungen genutzt werden können: Psychoedukation (es wird über die Art von Ursachenerklärungen informiert), Modellierungstechnik (eine Person dient als gutes Beispiel bzw. Vorbild), Kommentierungstechnik (erwünschte Ursachenerklärungen werden geäußert) und Hinzuziehen verschiedener Beobachtungsinformationen (realistische Ursachen werden gefunden).

Literatur

Bandura, A. (1977). *Social learning theory*. Englewood Cliffs: Prentice-Hall.

Haynes, T. L., Daniels, L. M., Stupnisky, R. H., Perry, R. P., & Hladkyj, S. (2008). The effect of attributional retraining on mastery and performance motivation among first-year college students. *Basic and Applied Social Psychology, 30*(3), 198–207. https://doi.org/10.1080/01973530802374972.

Haynes, T. L., Perry, R. P., Stupnisky, R. H., & Daniels, L. M. (2009). A review of attributional retraining treatments: Fostering engagement and persistence in vulnerable college students. In J. S. Smart (Hrsg.), *Higher education: Handbook of theory and research, Volume 24* (S. 227–272). Dordrecht: Springer.

Jackson, S. E., Hall, N. C., Rowe, P. M., & Daniels, L. M. (2009). Getting the job: Attributional retraining and the employment interview. *Journal of Applied Social Psychology, 39*(4), 973–998. https://doi.org/10.1111/j.1559-1816.2009.00468.x.

Materialien

Der zweite Teil dieses Bandes beinhaltet zahlreiche Materialien, welche Sie als Führungskraft dazu nutzen können, um mit Ihren Mitarbeitenden an der Veränderung ihrer Attributionen zu arbeiten. Hierbei werden zunächst Überlegungen vorgestellt, die vor einer möglichen Anwendung der Materialien sinnvoll sein könnten. Unter anderem geht es dabei um die Sensibilisierung für individuelle typische Attributionen, auch bei Ihnen als Führungskraft. Daraufhin folgen Materialien für den Einsatz der einzelnen Techniken, die bereits in Abschnitt 3.4 vorgestellt wurden. Alle im Folgenden enthaltenen Materialien beginnen jeweils mit einem Übersichtsblatt, auf welchem das Ziel, Vorüberlegungen zum Einsatz, Hinweise zur Durchführung, ggf. Varianten sowie der Nutzen der Methode vermerkt sind. Im Anschluss folgen dann entweder Fragebögen zum Kopieren oder Übungsanleitungen. In einem idealtypischen Training bzw. einer idealtypischen Maßnahme stehen die einzelnen Materialien in Beziehung zueinander – sie können jedoch in nahezu allen Fällen auch einzeln genutzt werden. Somit können Sie für sich die Materialien herausgreifen und frei zusammenstellen, die Sie am meisten ansprechen oder die Ihnen am sinnvollsten erscheinen. Hierbei ist das Übersichtsblatt zum Beginn jedes Arbeitsblattes behilflich.

In den Materialien werden häufig Beispiele genutzt, um das Verständnis oder die Anwendung zu erleichtern. Diese Beispiele sollten explizit als Anregung und nicht als fertige Vorlagen verstanden werden. Häufig ist vor Verwendung des Materials eine Anpassung an den Kontext oder die Person nötig. Die Materialien sind jeweils für die Anwendung bei einzelnen Mitarbeitenden formuliert. Sie können aber auch durch entsprechende Anpassungen für Gruppen genutzt werden.

Inhaltsverzeichnis

Kapitel 4   Bevor es los geht:
             Sinnvolle Überlegungen – 39

Kapitel 5   Über Attributionen informieren:
             Psychoedukation – 53

Kapitel 6	Ein gutes Beispiel sein: Modellierungstechnik – 71
Kapitel 7	Realistische Ursachen finden: Beobachtungsinformationen – 83
Kapitel 8	Erwünschte Attributionen äußern: Kommentierungstechnik – 97

Bevor es los geht: Sinnvolle Überlegungen

Inhaltsverzeichnis

4.1 Formulierung von Maßnahmenzielen – 40

4.2 Mein Attributionsstil (Version für Führungskraft) – 42

4.3 Mein Attributionsstil (Version für Mitarbeitende) – 45

4.4 Typische Attributionen bei Misserfolgen erkennen – 48

Ergänzende Information: Die elektronische Version dieses Kapitels enthält Zusatzmaterial, das berechtigten Benutzern zur Verfügung steht. https://doi.org/10.1007/978-3-658-33281-5_4

© Springer Fachmedien Wiesbaden GmbH, ein Teil von Springer Nature 2021
N. Fischer et al., *Stark im Scheitern - Motivation nach Misserfolgen*,
https://doi.org/10.1007/978-3-658-33281-5_4

Bevor Sie eine oder mehrere Maßnahme(n) zur Veränderung von Attributionen durchführen und dazu in diesem Band beschriebene Techniken anwenden, kann es sinnvoll sein, im Vorhinein einige Überlegungen anzustellen. So können Sie diejenigen Materialien auswählen, die für Ihre spezifische Situation am passendsten sind.

Ausgangspunkt für die Durchführung vieler Maßnahmen zur Veränderung von Attributionen ist die Freiwilligkeit der Teilnehmenden. Klären Sie im Vorfeld ab, ob Mitarbeitende von sich aus bereit sind, gemeinsam mit Ihnen an ihren Attributionen zu arbeiten. Ebenso wichtig sind Vertraulichkeit und ein respektvoller Umgang miteinander. Es kann sinnvoll sein, im Vorfeld der Zusammenarbeit Erwartungen und Wünsche der Beteiligten zu besprechen, um mögliche Missverständnisse zu vermeiden und einen gemeinsamen Fokus zu erzielen. Damit kann der Austausch zwischen Ihnen und Ihren Mitarbeitenden gefördert und die Basis für Veränderungen von Attributionen gelegt werden.

Generell ist es immer wichtig zu betonen, dass es sich bei Attributionen um individuelle Gedanken handelt, die für die einzelne Person in dieser Form vermutlich „stimmig" und gewohnt sind und daher nicht ohne weiteres von außen als „falsch" bezeichnet werden sollten. Das Ziel einer jeden Maßnahme ist die gemeinsame Auseinandersetzung mit bisherigen Attributionen und der Betrachtung, wie diese motivations- und leistungsförderlich verändert werden können.

Insgesamt können die in diesem Kapitel bereitgestellten Materialien gut mit allen weiteren Materialien aus diesem Band kombiniert werden. Sie können die Effektivität späterer Maßnahme(n) erhöhen und eine gute Basis für die Zusammenarbeit zwischen Ihnen und Ihren Mitarbeitenden bilden.

- **Aufbau und Inhalte der Materialien „Bevor es losgeht: Sinnvolle Überlegungen"**
  1. Formulierung von Maßnahmenzielen
  2. Mein Attributionsstil (Version für Führungskräfte)
  3. Mein Attributionsstil (Version für Mitarbeitende)
  4. Typische Attributionen bei Misserfolgen erkennen

4.1 Formulierung von Maßnahmenzielen

- **Ziel**

Die nachfolgenden Fragen sollen Sie als Führungskraft in Zusammenarbeit mit Ihren Mitarbeitenden unterstützen, gemeinsam ein oder mehrere Ziel(e) für Maßnahmen zur Veränderung von Attributionen festzulegen. So kann für das Vorgehen ein gemeinsamer Zielhorizont festgelegt werden. Zudem kann man während oder nach der Maßnahme mithilfe der Ziele beurteilen, inwiefern sie hilfreich bzw. erfolgreich war/ist, und ggf. die weitere Vorgehensweise anpassen.

- **Vorüberlegungen zum Einsatz der Methode**

Eine Vereinbarung von Zielen macht insbesondere dann Sinn, wenn Sie gemeinsam mit Ihren Mitarbeitenden festgelegt haben, dass in der nächsten Zeit ein Hauptaugenmerk auf die Motivationsförderung gelegt werden soll. Die angeführten Leitfragen bieten sich für ein Gespräch zu Beginn eines solchen Veränderungsprozesses

4.1 · Formulierung von Maßnahmenzielen

an und dienen als eine Art „Auftragsklärung" für Sie als Führungskraft. Zuvor kann es hilfreich sein, wenn beide Parteien– Sie und Ihre Mitarbeitenden– sich bereits individuell Gedanken darüber machen, was mit den Maßnahmen aus Ihrer Sicht erreicht werden soll.

- **Hinweise zur Durchführung**

Es ist sinnvoll, die Leitfragen gemeinsam zu besprechen und sie nicht starr nacheinander abzuarbeiten. Nicht alle Leitfragen eignen sich für jede Konstellation, weswegen Sie diejenigen auswählen sollte, die für Ihren Anwendungskontext passend erscheinen. Fragen Sie spezifisch nach, wenn Ihnen noch Informationen fehlen, um das Anliegen Ihres Gegenübers genau zu verstehen – die vorgeschlagenen Leitfragen sind lediglich „Eröffner", um ins Gespräch zu kommen. Nach dem Gespräch sollten Sie ein klares Bild davon haben, um was es geht. Es wird empfohlen das Ziel bzw. die Ziele schriftlich festzuhalten.

- **Varianten**

Die Übung kann zur Zielformulierung verwendet werden, aber auch zu einer Zwischenbilanz oder Rückschau – hat sich das Ziel verändert oder passt es noch? Wie nah ist man ihm bereits gekommen? Wie könnte man sich noch verbessern? Hat sich etwas an den Rahmenbedingungen verändert, was nun mit berücksichtigt werden sollte?

- **Nutzen**

Sie treten mit Ihren Mitarbeitenden in einen Dialog, einigen sich auf ein gemeinsames Ziel und können in allen Veränderungssituationen darauf zurückgreifen. Das gemeinsame Festlegen eines Ziels erhöht die persönliche Bindung zum Ziel. Zudem ist es am Ende der Trainingsmaßnahme möglich, gemeinsam das Erreichte zu bewerten und ggf. weitere nötige Schritte zu veranlassen. Mithilfe der folgenden Leitfragen soll es Ihnen gelingen, gemeinsam ein oder mehrere Ziel(e) festzulegen, an dem/denen bei den Maßnahmen zur Veränderung von Attributionen gearbeitet werden soll. Leitfragen für ein Gespräch zur Zielklärung können sein:
— Was ist der Anlass für das Gespräch?
  – Warum genau jetzt?
  – Gibt es eine bestimmte auslösende Situation?
— War das Verhalten, um das es geht, schon immer problematisch? Falls nein:
  – Wann hat es schlechter und wann besser geklappt?
  – Was war in den Situationen anders, als es besser geklappt hat?
— Wenn die Maßnahmen zur Veränderung von Attributionen maximal erfolgreich sind – wie genau würde sich dies in Zukunft zeigen? Woran würde die*der Mitarbeitende in eine Veränderung bemerken? Woran würden andere, z. B. Kolleg*innen oder die Führungskraft, eine Veränderung bemerken?
— Was sind die äußeren Rahmenbedingungen, die berücksichtigt oder gezielt hergestellt werden müssen, damit die Maßnahme maximal erfolgreich ist? (z. B. Urlaubszeit, Arbeitsbelastung, Kapazitäten, Umgang miteinander, Absprachen im Vorfeld, etc.)
— Was können wir gemeinsam erreichen? Was ist hier realistisch?
— Wie lange soll (voraussichtlich) gemeinsam an dem Thema gearbeitet werden?

Halten Sie Ihr gemeinsames Ziel/ Ihre gemeinsamen Ziele schriftlich mit einem **Zielzustand** und einem **zeitlichen Horizont** fest.

Gemeinsam möchten wir:

_____

_____

_____

4.2 Mein Attributionsstil (Version für Führungskraft)

- **Ziel**

Als Führungskraft sind Sie oft mit Erfolgen und Misserfolgen Ihres Teams konfrontiert. Dabei ist es meist so, dass man vor allem dann nach den möglichen Ursachen sucht, wenn die Ergebnisse nicht so ausfallen wie erwartet und erhofft. Die folgende Übung hilft Ihnen nicht nur, Ihren eigenen typischen Attributionsstil zu erkunden, sondern anhand einer konkreten Situation auch über andere plausible Ursachenerklärungen nachzudenken.

- **Vorüberlegungen zum Einsatz der Methode**

Sie sollten diese Übung idealerweise vor Beginn der Maßnahmen zur systematischen Veränderung von Attributionen durchführen.

- **Hinweise zur Durchführung**

Diese Übung funktioniert besonders gut, wenn Sie sich gedanklich voll und ganz in die beschriebene Situation hineinversetzen. Nehmen Sie sich hierfür ein wenig Zeit und sorgen Sie für eine störungsfreie Umgebung.

- **Varianten**

Die vorliegende Übung kann von Ihnen als Führungskraft zur Vorbereitung genutzt werden. Eine Variante für Mitarbeitende ist auf den nachfolgenden Seiten zu finden.

- **Nutzen**

Die Übung illustriert, dass auch Sie als Führungskraft nach einem Misserfolg Ihrer Mitarbeitenden ganz unterschiedliche Erklärungen dafür haben können, wie dieser zustande kam. Die Art, wie Sie selbst solche Misserfolge typischerweise erklären, nennt man „Attributionsstil". Es ist sehr hilfreich, den eigenen Attributionsstil zu kennen. Die Art, wie Sie als Führungskraft die Erfolge und Misserfolge gedanklich einordnen, hat möglicherweise Einfluss auf Ihren Umgang mit Ihren Mitarbeitenden. Vor allem illustriert die Übung dass es nach einem Misserfolg auch andere plausible Ursachenfaktoren geben kann als die, die Ihnen zunächst in den Sinn kommen. Dies zu erkennen ist ein wichtiger Ausgangspunkt für Veränderungsprozesse.

4.2 · Mein Attributionsstil (Version für Führungskraft)

① Stellen Sie sich folgende Situation vor:

Der*Die von Ihnen betreute Mitarbeiter*in hat eine sehr wichtige Präsentation vor der Geschäftsführung vorgetragen. Leider bleibt die erhoffte Zustimmung aus: Das Endergebnis ist schlecht und entsprechend ist Ihr*e Mitarbeiter*in, genau wie Sie, sehr enttäuscht.

② Bitte überlegen Sie, was Sie in solchen Situationen als hauptsächliche Ursache für einen solchen Misserfolg halten. Bitte wählen Sie aus einer Menge vieler denkbarer Ursachen diejenige aus, die Sie für die wichtigste bzw. typischste halten.
Bitte notieren Sie diese Ursache mit einem Stichwort:

_____

③ Bitte denken Sie nun einen Moment lang über diese Ursache nach und beantworten Sie die folgenden Fragen.

Ist diese Ursache über die Zeit stabil? Tritt diese Ursache nur zu einem bestimmten Zeitpunkt auf oder ist sie etwas, das vermutlich länger andauert?

☐ zeitlich variabel   ☐ zeitlich stabil

Liegt diese Ursache innerhalb der Person(en) (innerhalb des*der Mitarbeiter*in, innerhalb des Teams) oder außerhalb?

☐ innerhalb der Person(en)   ☐ außerhalb der Person(en)

Ist diese Ursache kontrollierbar? Kann irgendjemand auf diese Ursache Einfluss nehmen?

☐ kontrollierbar   ☐ nicht kontrollierbar

Ist die Ursache weitreichend (global) in ihren Auswirkungen oder auf eine spezifische Situation begrenzt?

☐ spezifisch   ☐ global

④ Bitte denken Sie nun darüber nach, ob es in dieser Situation auch andere plausible Gründe für den Misserfolg geben könnte:

Welche Gründe könnten nur von kurzer zeitlicher Dauer sein?
___
___
___
___

Welche Gründe könnten mit Ihnen als Führungskraft zu tun haben?
___
___
___
___

Welche Gründe wären Ihrer Meinung nach kontrollierbar?
___
___
___
___

Welche (spezifischen) Gründe gibt es, die in ihren Auswirkungen auf nur sehr wenige Situationen begrenzt sind?
___
___
___
___

4.3 Mein Attributionsstil (Version für Mitarbeitende)

- **Ziel**

Ihre Mitarbeitenden sind ebenso wie Sie selbst oft mit Erfolgen und Misserfolgen bei der Arbeit konfrontiert. Dabei ist es meist so, dass eine Person vor allem dann nach den möglichen Ursachen sucht, wenn die Ergebnisse nicht so ausfallen wie erwartet und erhofft. Die folgende Übung hilft Ihren Mitarbeitenden, ihren eigenen typischen Attributionsstil zu erkunden.

- **Vorüberlegungen zum Einsatz der Methode**

Ihre Mitarbeitenden sollten die Übung idealerweise vor Beginn der Maßnahmen zur systematischen Veränderung von Attributionen durchführen.

- **Hinweise zur Durchführung**

Diese Übung funktioniert besonders gut, wenn Ihre Mitarbeitenden sich gedanklich voll und ganz in die beschriebene Situation hineinversetzen. Ihre Mitarbeitenden sollten sich für die Übung ein wenig Zeit nehmen und für eine störungsfreie Umgebung sorgen.

- **Varianten**

Eine Variante der Übung kann auch von Ihnen als Führungskraft selbst als Vorbereitung durchgeführt werden (siehe „Mein Attributionsstil (Version für Führungskräfte)").

- **Nutzen**

Die Übung illustriert Ihren Mitarbeitenden, dass sie nach einem Misserfolg ganz unterschiedliche Erklärungen dafür haben können, wie dieser zustande kam. Die Art, wie Personen selbst solche Misserfolge typischerweise erklären, nennt man „Attributionsstil". Es ist sehr hilfreich, den eigenen Attributionsstil zu kennen. Vor allem illustriert die Übung dass es nach einem Misserfolg auch andere plausible Ursachenfaktoren geben kann als die, die einem zunächst in den Sinn kommen. Dies zu erkennen ist ein wichtiger Ausgangspunkt für Veränderungsprozesse.

① Stellen Sie sich folgende Situation vor:

Sie haben eine sehr wichtige Präsentation vor der Geschäftsführung vorgetragen. Leider bleibt die erhoffte Zustimmung aus: Das Endergebnis ist schlecht und entsprechend sind Sie, genau wie Ihre Führungskraft, sehr enttäuscht.

② Bitte überlegen Sie, was Sie in solchen Situationen als die hauptsächliche Ursache für einen solchen Misserfolg halten. Bitte wählen Sie aus einer Menge vieler denkbarer Ursachen diejenige aus, die Sie für die wichtigste bzw. typischste halten.

Bitte notieren Sie diese Ursache mit einem Stichwort:

_____

③ Bitte denken Sie nun einen Moment lang über diese Hauptursache nach und beantworten Sie die folgenden Fragen.

Ist diese Ursache über die Zeit stabil? Tritt diese Ursache nur zu einem bestimmten Zeitpunkt auf oder ist sie etwas, das vermutlich länger andauert?

☐ zeitlich variabel   ☐ zeitlich stabil

Liegt diese Ursache innerhalb oder außerhalb Ihrer Person?

☐ innerhalb der Person(en)   ☐ außerhalb der Person(en)

Ist diese Ursache kontrollierbar? Kann irgendjemand auf diese Ursache Einfluss nehmen?

☐ kontrollierbar   ☐ nicht kontrollierbar

Ist die Ursache weitreichend (global) in ihren Auswirkungen oder auf eine spezifische Situation begrenzt?

☐ spezifisch   ☐ global

4.3 · Mein Attributionsstil (Version für Mitarbeitende)

④ Bitte denken Sie nun darüber nach, ob es in dieser Situation auch andere plausible Gründe für den Misserfolg geben könnte:

Welche Gründe könnten nur von kurzer zeitlicher Dauer sein?

_____
_____
_____

Welche Gründe könnten etwas mit Ihrer Führungskraft oder Ihren Kolleg*innen zu tun haben?

_____
_____
_____

Welche Gründe wären Ihrer Meinung nach kontrollierbar?

_____
_____
_____

Welche (spezifischen) Gründe gibt es, die in ihren Auswirkungen auf nur sehr wenige Situationen begrenzt sind?

_____
_____
_____

4.4 Typische Attributionen bei Misserfolgen erkennen

- **Ziel**

Die nachfolgende Übung dient dazu, für eine bestimmte Misserfolgssituation herauszufinden, wie eine Person attribuiert. Auf diese Weise kann festgestellt werden, ob die derzeitigen Attributionen unter Umständen ungünstig und wenig motivationsförderlich sind. Eine Besprechung der Ergebnisse dieser Übung mit Ihren Mitarbeitenden kann auch dazu dienen, die verschiedenen Dimensionen von Attributionen genauer kennenzulernen. Die Übung ist daher auch zur Information über Attributionen (Psychoedukation) einsetzbar. Ein weiterer Zweck besteht darin, die Übung als Erfolgs- bzw. Wirksamkeitskontrolle von Maßnahmen zur Veränderung von Attributionen zu verwenden.

- **Vorüberlegungen zum Einsatz der Methode**

Ausgangspunkt sollte eine möglichst markant erinnerte Misserfolgssituation sein, zum Beispiel ein kürzlich eingetretener beruflicher Rückschlag.

- **Hinweise zur Durchführung**

Für eine konkrete Arbeitssituation sollen Mitarbeitende (oder auch Sie als Führungskraft selbst) eine Ursache benennen. Für diese Ursache werden im nächsten Schritt die Dimensionen der Ursachenerklärungen eingeschätzt. Diese Einschätzungen werden dann mithilfe eines Auswertungsschlüssels analysiert.

- **Nutzen**

Sie gewinnen Einblicke, wie stark Ihre Mitarbeitenden (oder auch Sie selbst) eine markante Situation auf internale, stabile, kontrollierbare und globale Faktoren zurückführen.

4.4 · Typische Attributionen bei Misserfolgen erkennen

Erinnern Sie sich an eine markante Situation, deren Ausgang für Sie nicht zufriedenstellend war bzw. Sie enttäuscht oder verärgert hat.

Geben Sie dieser Situation eine möglichst kurze und charakteristische Überschrift:

Denken Sie nun über die Ursache(n) nach, die Sie für dieses negative Ereignis gefunden haben.

Die im Folgenden aufgelisteten Fragen drehen sich um Ihre Eindrücke über die Ursache(n) Ihrer schlechten Leistung. Umkreisen Sie bei jeder Frage die Zahl, die Ihrer Einschätzung am besten entspricht.

Ist/Sind die Ursache(n) etwas, …:

das nur in dieser Situation wirkt	9	8	7	6	5	4	3	2	1	das auch in anderen Situationen wirkt
das einen Aspekt Ihrer Person widerspiegelt	9	8	7	6	5	4	3	2	1	das einen Aspekt der Situation widerspiegelt
das steuerbar ist	9	8	7	6	5	4	3	2	1	das nicht steuerbar ist
das vorübergehend ist	9	8	7	6	5	4	3	2	1	das dauerhaft ist
das man regulieren kann	9	8	7	6	5	4	3	2	1	das man nicht regulieren kann
das sich nicht auf andere Situationen übertragen lässt	9	8	7	6	5	4	3	2	1	das sich auf andere Situationen übertragen lässt
worüber man Kontrolle hat	9	8	7	6	5	4	3	2	1	worüber man keine Kontrolle hat
das Ihre Person betrifft	9	8	7	6	5	4	3	2	1	das Ihre Person nicht betrifft
das zeitlich variabel ist	9	8	7	6	5	4	3	2	1	das zeitlich stabil ist
das innerhalb von Ihnen liegt	9	8	7	6	5	4	3	2	1	das außerhalb von Ihnen liegt
das veränderbar ist	9	8	7	6	5	4	3	2	1	das nicht veränderbar ist
das nur dieses Ereignis beeinflusst	9	8	7	6	5	4	3	2	1	das viele Ereignisse beeinflusst

Auswertung

Bitte übertragen Sie die angekreuzten Werte in diese Tabelle.

Die Ursache ist etwas,

Symbol	Aussage links	Skala	Aussage rechts
☯●	das nur in dieser Situation wirkt	9 8 7 6 5 4 3 2 1	das auch in anderen Situationen wirkt
✗◎	das einen Aspekt Ihrer Person widerspiegelt	9 8 7 6 5 4 3 2 1	das einen Aspekt der Situation widerspiegelt
✗	das steuerbar ist	9 8 7 6 5 4 3 2 1	das nicht steuerbar ist
☯◎	das vorübergehend ist	9 8 7 6 5 4 3 2 1	das dauerhaft ist
✗	das man regulieren kann	9 8 7 6 5 4 3 2 1	das man nicht regulieren kann
☯✗	das sich nicht auf andere Situationen übertragen lässt	9 8 7 6 5 4 3 2 1	das sich auf andere Situationen übertragen lässt
●◎	worüber man Kontrolle hat	9 8 7 6 5 4 3 2 1	worüber man keine Kontrolle hat
●	das Ihre Person betrifft	9 8 7 6 5 4 3 2 1	das Ihre Person nicht betrifft
◎	das zeitlich variabel ist	9 8 7 6 5 4 3 2 1	das zeitlich stabil ist
●	das innerhalb von Ihnen liegt	9 8 7 6 5 4 3 2 1	das außerhalb von Ihnen liegt
◎	das veränderbar ist	9 8 7 6 5 4 3 2 1	das nicht veränderbar ist
☯	das nur dieses Ereignis beeinflusst	9 8 7 6 5 4 3 2 1	das viele Ereignisse beeinflusst

Addieren Sie nachfolgend alle Werte mit dem gleichen Symbol und tragen Sie die jeweilige Summe in die passenden Felder ein. Den Wert können Sie dann auf der Skala auf der nächsten Seite markieren und damit eine Einschätzung über die Ausprägung der jeweiligen Dimension erhalten.

4.4 · Typische Attributionen bei Misserfolgen erkennen

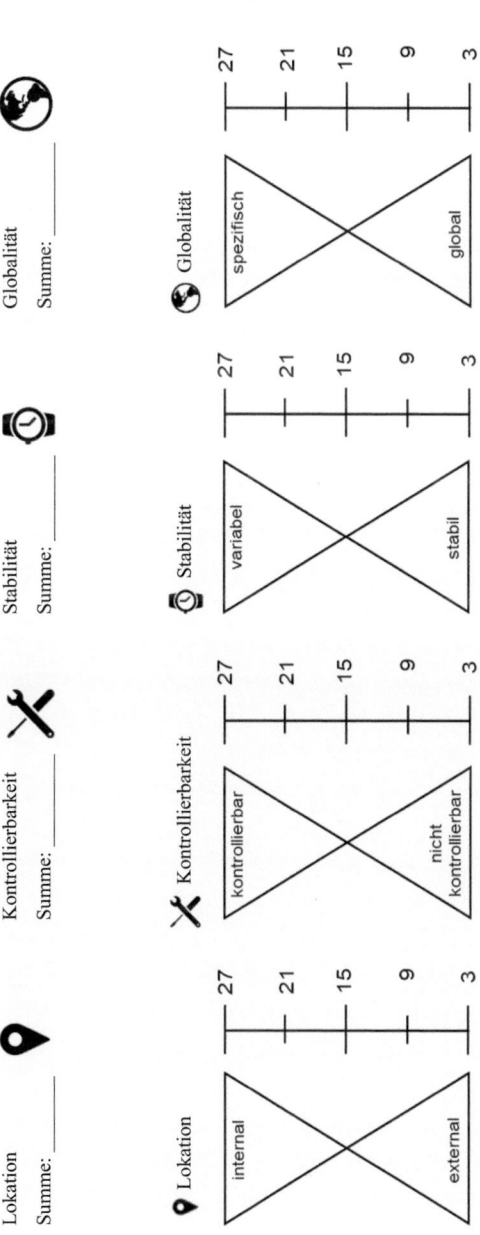

Interpretationshilfe:

Betrachten Sie nun Ihre eingetragenen Ausprägungen der einzelnen Dimensionen und verbinden Sie die Kreuze miteinander, sodass ein Verlauf entsteht. Bei allen vier Bereichen sind hohe Werte eher als günstige Misserfolgsattributionen zubewerten. Personen mit solchen Attributionsmustern haben trotz eines Misserfolgs die Motivation weiterzumachen und sehen sich selbst in der Lage, etwas an ihrer Leistung zu verändern. Ihren Misserfolg sehen sie nicht als wiederkehrendes Phänomen an, sondern sie können die Situation ausmachen, die spezifisch für den Misserfolg war. Niedrige Werte in den vier Bereichen deuten auf ungünstige Misserfolgsattributionen hin. Besonders, wenn sowohl die Dimension der Lokation als auch die der Kontrollierbarkeit niedrig ausgeprägt sind, liegen ungünstige (fatalistische) Ursachenerklärungen vor. Personen mit solchen Ursachenerklärungen sind eher der Meinung, dass sie bei der nächsten Situation wieder einen Misserfolg erleiden werden.

Bei der Betrachtung des Verlaufs im Ganzen stellen Ausschläge in den oberen Bereich besondere Ressourcen und Stärken dar, die helfen können, Misserfolge gut zu bewältigen. Ausschläge in den unteren Bereich hingegen zeigen Entwicklungspotenziale und kennzeichnen Bereiche, in denen es möglich ist, Attributionen in eine günstigere Richtung zu verändern. Dafür können Sie die Materialien im weiteren Verlauf dieses Bandes nutzen.

Über Attributionen informieren: Psychoedukation

Inhaltsverzeichnis

5.1 Was sind Attributionen? – 54

5.2 Dimensionen von Attributionen – 55

5.3 Wie wirken sich Attributionen auf Erleben und Verhalten aus? – 60

5.4 Definition, Dimensionen und Auswirkungen von Attributionen kurz zusammengefasst – 65

5.5 Handout Attributionen – 68

Ergänzende Information: Die elektronische Version dieses Kapitels enthält Zusatzmaterial, das berechtigten Benutzern zur Verfügung steht. https://doi.org/10.1007/978-3-658-33281-5_5

© Springer Fachmedien Wiesbaden GmbH, ein Teil von Springer Nature 2021
N. Fischer et al., *Stark im Scheitern - Motivation nach Misserfolgen*,
https://doi.org/10.1007/978-3-658-33281-5_5

■ Überblick – Was ist Psychoedukation?

Bestimmte Techniken der Veränderung von Attributionen setzen voraus, dass Mitarbeitende wissen, was Attributionen sind und wie sich diese auf ihr Erleben und Verhalten auswirken können. Die Vermittlung dieses Wissens wird als „Psychoedukation" bezeichnet. Die im Rahmen der Psychoedukation vermittelten Informationen legen die Grundlage dafür, sich mit den Mitarbeitenden nachfolgend besser über Attributionen austauschen zu können. Außerdem erhalten beteiligte Mitarbeitende ein tieferes Verständnis für die nachfolgenden Maßnahmen, die zur Motivationsförderung ergriffen werden. Motivationsförderung durch die Veränderung von Attributionen erscheint so für Ihre Mitarbeitenden nicht mehr als ein undurchschaubarer Prozess, sondern als eine sinnvolle Maßnahme, die sie selbst verstehen können. Schließlich ist ein besseres Verständnis von Attributionen, ihrer Dimensionen und ihrer Auswirkungen oft auch schon der erste Schritt hin zu günstigeren Attributionen. Die Mitarbeitenden werden aufmerksamer in Bezug auf günstige Attributionen und können ungünstige Attributionen besser vermeiden.

Zusammengefasst ist das Ziel der Psychoedukation, Mitarbeitenden Informationen über Attributionen zu geben und damit eine wichtige Grundlage für die nachfolgend geplanten Veränderungen zu legen und auch selbstständiges Nach- sowie ggf. Umdenken anzuregen.

■ Aufbau und Inhalte der Materialien zur Psychoedukation
1. Was sind Attributionen?
2. Dimensionen von Attributionen
3. Wie wirken sich Attributionen auf Erleben und Verhalten aus?
4. Definition, Dimensionen und Auswirkungen von Attributionen kurz zusammengefasst
5. Handout Attributionen

5.1 Was sind Attributionen?

■ Ziel
Mithilfe dieses Arbeitsblatts soll Ihren Mitarbeitenden vermittelt werden, was Attributionen eigentlich sind.

■ Hinweise zur Durchführung
Die Methode dieses Arbeitsblattes ist ein Kurzvortrag. Schildern Sie mit eigenen Worten und mit Bezug auf Beispiele aus Ihrem Arbeitsalltag, was Attributionen sind. Dabei können Sie sich an den Formulierungsvorschlägen orientieren. Zudem ist es empfehlenswert, Mitarbeitende durch eigene Erfahrungsberichte miteinzubeziehen, um ein gutes Verständnis für Attributionen zu schaffen.

■ Varianten
Eine Variante besteht darin, dass Sie als Führungskraft Ihre eigenen Misserfolge und zugehörige Attributionen aufzeigen. Dies kann nicht nur zur Illustration

dienen, was Attributionen sind, sondern auch dazu beitragen, dass sich Mitarbeitende trauen, eigene Attributionen zu schildern.

- **Nutzen**

Mitarbeitende werden über Attributionen informiert und befähigt, sich mit ihren eigenen Attributionen auseinanderzusetzen. Das Arbeitsblatt legt die Grundlage für einen besseren Austausch über Attributionen. Zudem erhalten Mitarbeitende ein tieferes Verständnis für die nachfolgenden Maßnahmen. Das langfristige Ziel soll somit ein Nach- und Umdenken sein, welches Ihre Mitarbeitenden zu einer besseren Leistung führt.

Es wird darauf eingegangen, was genau Attributionen sind. Dazu ist es wichtig, Ihren Mitarbeitenden aufzuzeigen, dass es sich dabei um die **Zuschreibung von Ursachen für Ereignisse und Verhaltensweisen** handelt. Es sind gedankliche Überzeugungen, die Menschen über die Ursachen von Ereignissen bilden. Damit das Thema für Ihre Mitarbeitenden greifbar wird, nutzen Sie Beispiele aus Ihrem Alltag für die Erklärung.

» *Ich möchte Ihnen genauer erklären, was es mit Attributionen auf sich hat. Das Annehmen von Ursachen für ein bestimmtes Ereignis wird „Attribution" genannt. Dies sind Zuschreibungen von Ursachen für Ereignisse und Verhaltensweisen. Das heißt, wenn Sie im letzten Meeting mit unserem CEO stark gestottert haben, kann die mögliche Ursache, die Sie dafür finden, sein, dass die Aufregung vor dem Meeting zu groß war. Ein anderes Beispiel wäre, dass Sie heute Morgen einen wichtigen Termin verpasst haben, da Sie zu spät gekommen sind. Sie erklären sich diesen Misserfolg damit, dass ein Unfall einen Stau verursacht hat und somit keine schnellere Fahrzeit möglich war. Das heißt: Attributionen sind gedankliche Überzeugungen, die Sie über die Ursachen von Ereignissen bilden.*

Vergewissern Sie sich, ob verstanden wurde, was Attributionen sind und ob es noch Fragen gibt. Geben Sie einen Ausblick darauf, dass es einen Unterschied macht, welche Ursachen man für einen Misserfolg sieht. Je nach Ursache können Motivation und Leistung gesteigert oder gesenkt werden. Dies wird anhand der weiteren folgenden Arbeitsblätter zur Psychoedukation näher betrachtet und erklärt.

5.2 Dimensionen von Attributionen

- **Ziel**

Mithilfe des folgenden Arbeitsblattes soll Mitarbeitenden vermittelt werden, welche Dimensionen Attributionen haben können. Dazu werden die Dimensionen zunächst erläutert; anschließend führen Ihre Mitarbeitenden eine kurze Selbstreflexions-Übung durch. Diese legt die Basis für Ansatzpunkte zur Veränderung ungünstiger Attributionen.

- **Vorüberlegungen zur Durchführung**

Das Arbeitsblatt „Was sind Attributionen?" sollte bereits bearbeitet worden sein damit ein Verständnis des Begriffs der Attribution vorhanden ist.

- **Hinweise zur Durchführung**

Der Teil A) „Vorstellung der Dimensionen" wird von Ihnen erläutert. Bei Teil B) „Selbstreflexion – Wie ordne ich Ursachen ein?" werden Ihre Mitarbeitenden selbst aktiv. Dieses Arbeitsblatt wird in Papierform bearbeitet und sollte zuvor kopiert werden.

- **Nutzen**

Wenn Mitarbeitende die Dimensionen von Attributionen kennen, fällt es ihnen leichter, eigene Attributionen einzuordnen. Zudem wird das Verständnis vertieft und damit Grundlagen für die nachfolgenden Maßnahmen zur Veränderung von Ursachenerklärungen gelegt.

5.2 · Dimensionen von Attributionen

Teil A) Vorstellung der Dimensionen

Zunächst soll erläutert werden, welche Dimensionen Attributionen haben. Dazu stellen Sie jeweils eine Dimension vor (z. B. Lokation) und erklären anschließend anhand eines Beispiels die Ausprägungsgrade (z. B. innerhalb vs. außerhalb).

Lokation

Eine Ursache kann innerhalb oder außerhalb einer Person liegen.

Beispiel innerhalb: Krankheit

Beispiel außerhalb: Verkehrslage

Stabilität

Eine Ursache kann zeitlich stabil oder zeitlich variabel sein.

Beispiel zeitlich stabil: generelle Angst vor Präsentationen

Beispiel zeitlich variabel: schlechte Laune bei der Präsentation

Kontrollierbarkeit

Eine Ursache kann kontrollierbar oder unkontrollierbar sein.

Beispiel kontrollierbar: zu wenig Vorbereitung vor der Präsentation

Beispiel unkontrollierbar: Stromausfall

Globalität

Eine Ursache kann global oder spezifisch sein.

Beispiel global: generell schlechtere Leistung in Situationen, in denen man unter Druck steht

Beispiel spezifisch: schlechte Leistung bei der Präsentation vor der Geschäftsführung

Teil B) Selbstreflexion – Wie ordne ich Ursachen ein?

① Bitte erinnern Sie sich an einen Misserfolg, den Sie vor kurzem erlebt haben. Zum Beispiel könnte dies ein Misserfolg während eines Pitchs oder bei einer internen Präsentation or Kolleg*innen gewesen sein.

② Bitte überlegen Sie, was Sie in dieser Situation gedacht haben, was die relevantesten Ursachen für diesen Misserfolg waren. Bitte wählen Sie aus den Ursachen, die Ihnen in den Kopf kommen, **eine** Ursache aus, die für Sie die wichtigste oder die typischste ist. Notieren Sie diese Ursache bitte mit einem Stichwort:

_____

③ Bitte denken Sie einen Moment lang über diese Hauptursache nach und kreuzen Sie anschließend an, wie Sie diese Ursache einschätzen:

Die Ursache liegt… an mir selbst (innerhalb)	☐ ☐ ☐ ☐ ☐ ☐	an anderen Personen/ Umständen (außerhalb)
Die Ursache ist… zeitlich variabel	☐ ☐ ☐ ☐ ☐ ☐	zeitlich stabil
Die Ursache ist… kontrollierbar	☐ ☐ ☐ ☐ ☐	nicht kontrollierbar
Die Ursache ist… spezifisch (nur in bestimmten Situationen)	☐ ☐ ☐ ☐ ☐	global (in mehreren unterschiedlichen Situationen)

5.2 · Dimensionen von Attributionen

④ Bitte denken Sie nun darüber nach, ob es in dieser Situation auch andere plausible Ursachen für den Misserfolg geben könnte:

Welche Ursachen könnte es geben, die an Ihnen selbst liegen?
_____
_____

Welche Ursachen könnte es geben, die nur von kurzer zeitlicher Dauer sind?
_____
_____

Welche Ursachen wären Ihrer Meinung nach kontrollierbar?
_____
_____

Welche Ursachen könnte es geben, die sich nur auf bestimmte spezifische Situationen begrenzen?
_____
_____

5.3 Wie wirken sich Attributionen auf Erleben und Verhalten aus?

- **Ziel**

Das Ziel des folgenden Arbeitsblattes ist es, Ihren Mitarbeitenden zu vermitteln, dass es unterschiedliche Stile der Ursachenzuschreibung gibt (Attributionsstil). Diese Stile wirken sich auf das Erleben und Verhalten aus und können günstig oder ungünstig sein.

- **Vorüberlegungen zur Durchführung:**

Die Arbeitsblätter „Was sind Attributionen?" und „Dimensionen von Attributionen" sollten bereits bearbeitet worden sein, damit ein Verständnis für Attributionen und ihre Dimensionen vorhanden ist.

- **Hinweise zur Durchführung**

Um Ihnen die Erklärung der Auswirkungen von Attributionen auf Erleben und Verhalten zu erleichtern, ist auf diesem Arbeitsblatt ein Leitfaden mit allen wichtigen Aspekten zusammengestellt. Dabei wird am Anfang jedes Abschnitts stichpunktartig festgehalten, was erklärt werden soll. Im Anschluss werden zur Orientierung Formulierungsbeispiele gegeben, die aber natürlich je nach Erfordernis abgewandelt werden können. Die Beispiele sind lediglich Vorschläge und sollen zur Inspiration dienen.

Zur Durchführung werden die Druckvorlagen „Muster für einen ungünstigen Attributionsstil" und „Muster für einen günstigen Attributionsstil" benötigt.

Nachdem Sie mit Ihren Mitarbeitenden die drei Arbeitsblätter über Attributionen („Was sind Attributionen?", „Dimensionen von Attributionen" und „Wie wirken sich Attributionen auf Erleben und Verhalten aus?") durchgeführt haben, können Sie diesen das Handout zu Attributionen aushändigen. Ein solches Handout finden Sie am Ende des nächsten Arbeitsblattes „Definition, Dimensionen und Auswirkungen von Attributionen kurz zusammengefasst". Das Handout fasst nochmals alle wichtigen Informationen kurz zusammen und kann als Erinnerungshilfe für Ihre Mitarbeitenden dienen.

- **Nutzen**

Das Arbeitsblatt vermittelt Wissen über die Auswirkungen von Ursachenerklärungen auf Erleben und Verhalten. Ihre Mitarbeitenden sind zukünftig in der Lage zu erkennen, ob ihr Attributionsstil für Misserfolge günstig oder ungünstig ist. Zudem lernen sie, wie sie ihre Gedanken „verändern" können, um ihre Motivation und darauffolgend ihre Leistung zu steigern.

5.3 · Wie wirken sich Attributionen auf Erleben und Verhalten aus?

1. **Einleitung**
   - Rückblick, worüber bereits gesprochen wurde.
   - Einführung des Begriffs „Attributionsstil".

   » *Wir wissen jetzt, was Attributionen sind und welche Dimensionen sie haben. Auf dem Arbeitsblatt 'Teil B) Selbstreflexion – Wie ordne ich Ursachen ein?' haben Sie eine eigene Ursachenerklärung für einen Misserfolg auf diesen Dimensionen eingeordnet. Was fangen wir jetzt damit an?*

   Unsere Attributionen sind oft über verschiedene Situationen hinweg ähnlich. Das bezeichnet man als 'Attributionsstil'. Dabei kann man zwischen günstigen und ungünstigen Attributionsstilen unterscheiden. Je nachdem, wie man eine Ursache einordnet, hat das unterschiedliche Auswirkungen auf unser Erleben und Verhalten.

2. **Erläuterung der Attributionsstile**
   Zur Erläuterung der Attributionsstile bietet es sich an, die Druckvorlagen „Muster für einen ungünstigen Attributionsstil" und „Muster für einen günstigen Attributionsstil" zu nutzen. Des Weiteren kann es Ihren Mitarbeitenden helfen, wenn Sie die verschiedenen Dimensionen sichtbar z. B. auf einem Flipchart notieren. Dadurch kann man Ihnen während Ihrer Erklärungen besser folgen.
   - Erklären Sie, was ein ungünstiger Attributionsstil ist.
   - Erklären Sie, was ein günstiger Attributionsstil ist.
   - Klären Sie aufkommende Fragen.

   » *Wir schauen uns jetzt an, was eher ungünstige und was eher günstige Attributionsstile sind.*

   Beim ungünstigen Attributionsstil hat man nach einem Misserfolg das Gefühl, dass die Ursache an anderen Personen oder Umständen liegt (= außerhalb der Person), dass sie von längerer zeitlicher Dauer ist (= zeitlich stabil), dass sie nicht von mir oder jemand anderem kontrollierbar ist (= nicht kontrollierbar) und dass sie in mehreren unterschiedlichen Situationen auftritt (= global).

   Das ist ungünstig bzw. schlecht, weil ich das Gefühl habe, dass ich meine Leistung nicht selbst in der Hand und keinen Handlungsspielraum habe. Es ist wahrscheinlich, dass ich in ähnlichen zukünftigen Situationen einen Misserfolg erwarte. Dadurch ist meine Motivation für die Zukunft gesenkt und es ist schwierig, meine Leistung zu verbessern.

   Günstig wäre ein Attributionsstil, bei dem ich eine Ursache so wahrnehme, dass sie an mir selbst liegt (= innerhalb der Person), dass sie nur von kurzer zeitlicher Dauer ist (= zeitlich variabel), dass sie von mir oder jemand anderem kontrollierbar ist (= kontrollierbar) und dass sie nur in spezifischen Situationen auftritt (= spezifisch).

   Das ist gut, weil ich dadurch das Gefühl habe, dass ich meine Leistung selbst in der Hand habe und Handlungsspielraum besitze. Es ist wahrscheinlich, dass ich in ähnlichen zukünftigen Situationen Erfolg erwarte. Dadurch ist meine Motivation für die Zukunft gesteigert und es fällt mir leichter, meine Leistung zu verbessern.

Das wichtigste bei Attributionen ist also, dass ich einen Handlungsspielraum sehe. Erst wenn ich eine Ursache als etwas wahrnehme, das ich beeinflussen kann, habe ich das Gefühl, sie verändern zu können. Dadurch steigt meine Motivation.

Gibt es noch Fragen?

3. **Eigenen Attributionsstil verändern**
   – Geben Sie Ihren Mitarbeitenden etwas Zeit, ihre eigenen angekreuzten Ausprägungsgrade auf den Dimensionen (→ „Selbstreflexion"-Arbeitsblatt) mit den Mustern für günstige bzw. ungünstige Attributionsstile zu vergleichen (→ Druckvorlage).
   – Erklären Sie, dass der Attributionsstil Einfluss auf Gefühle, Erfolgserwartung, Motivation und Leistung hat.
   – Erläutern Sie das Vorgehen, wenn ein günstiger Attributionsstil vorliegt.
   – Erläutern Sie das Vorgehen, wenn ein ungünstiger Attributionsstil vorliegt.
   – Klären Sie aufkommende Fragen.

» *Jetzt ist die Frage, was Ihnen das Ganze bringt. Dazu habe ich Ihnen Muster für günstige und ungünstige Attributionsstile mitgebracht. Schauen Sie sich zunächst nochmal auf dem 'Selbstreflexion'-Arbeitsblatt an, was Sie angekreuzt haben und vergleichen Sie es mit den Mustern zu günstigen bzw. ungünstigen Attributionsstilen. Versuchen Sie für sich selbst einzuordnen, ob Ihr Attributionsstil für die Ursache des Misserfolgs eher günstig oder ungünstig ist.*

Geben Sie Ihren Mitarbeitenden zwei bis drei Minuten Zeit zum Abgleichen.

Wir wissen nun, dass die Art und Weise, wie wir über unsere Misserfolge denken, Einfluss auf unsere Gefühle, unsere Erfolgserwartung, unsere Motivation und nicht zuletzt unsere Leistung hat. Wenn Sie festgestellt haben, dass Sie einen günstigen Attributionsstil für Ihr spezielles Misserfolgserlebnis haben, dann machen Sie weiter so. Wenn nicht, geht es für uns ans Umdenken. Das heißt, dass Sie bzw. wir nochmal genauer darüber nachdenken, welche Ursachen der Misserfolg noch haben könnte, die Ihnen weiterhelfen und die Sie oder andere beeinflussen können – also Ursachen, die uns Ansatzpunkte zur Verbesserung und Veränderung geben. Dieses Umdenken wurde auf dem Arbeitsblatt zur 'Selbstreflexion' durch die offenen Fragen, die unten aufgeführt sind, bereits angeregt. Wenn Sie neue Ansatzpunkte gefunden haben, können Sie Ihre zukünftige Arbeit bewusst darauf ausrichten und bleiben motiviert. Anstatt also z. B. in Betracht zu ziehen, dass ich etwas ‚eben einfach nicht kann', weil ich untalentiert bin, könnte ich in dem Bereich, in dem der Misserfolg aufgetreten ist, zukünftig gezielt mehr Vorbereitungszeit investieren. Haben Sie dazu noch Fragen?

5.3 · Wie wirken sich Attributionen auf Erleben und Verhalten aus?

Druckvorlage: Muster für einen ungünstigen Attributionsstil

Die Ursache liegt…

an mir selbst (innerhalb) ☐ ☐ ☐ ☐ ☒ an anderen Personen/Umständen (außerhalb)

Die Ursache ist…

zeitlich variabel ☐ ☐ ☐ ☐ ☒ zeitlich stabil

Die Ursache ist…

kontrollierbar ☐ ☐ ☐ ☐ ☒ nicht kontrollierbar

Die Ursache ist…

spezifisch (nur in bestimmten Situationen) ☐ ☐ ☐ ☐ ☒ global (in mehreren unterschiedlichen Situationen)

Druckvorlage: Muster für einen günstigen Attributionsstil

Die Ursache liegt…

an mir selbst (innerhalb) ☒ ☐ ☐ ☐ ☐ ☐ an anderen Personen/ Umständen (außerhalb)

Die Ursache ist…

zeitlich variabel ☒ ☐ ☐ ☐ ☐ ☐ zeitlich stabil

Die Ursache ist…

kontrollierbar ☒ ☐ ☐ ☐ ☐ ☐ nicht kontrollierbar

Die Ursache ist…

spezifisch (nur in bestimmten Situationen) ☒ ☐ ☐ ☐ ☐ ☐ global (in mehreren unterschiedlichen Situationen)

5.4 Definition, Dimensionen und Auswirkungen von Attributionen kurz zusammengefasst

- **Ziel**

Eine Möglichkeit zur Veränderung von Attributionen besteht darin, darüber zu informieren, was Ursachenerklärungen sind, wie sich diese auswirken und warum es sinnvoll sein kann, diese zu verändern. Das Ziel dieses komprimierten Arbeitsblattes ist es, Mitarbeitenden Informationen über Ursachenerklärungen zu geben und damit ein selbstständiges Nach- und ggf. Umdenken anzustoßen.

- **Vorüberlegungen zur Durchführung**

Diese Maßnahme eignet sich vor allen dann, wenn nicht viel Zeit zur Verfügung steht und bei Mitarbeitenden dennoch ein Verständnis für Attributionen aufgebaut werden soll. Das Verständnis allein kann bereits Effekte auf Erleben und Verhalten haben.

- **Hinweise zur Durchführung**

Auf dem Arbeitsblatt ist ein Leitfaden mit allen wichtigen Aspekten zusammengestellt. Dabei wird am Anfang jedes Abschnitts stichpunktartig festgehalten, was erklärt werden soll und anschließend werden Formulierungsbeispiele gegeben, die aber natürlich je nach Erfordernis abgewandelt werden können. Die Beispiele sind lediglich Vorschläge und sollen zur Inspiration dienen.

Nachdem Sie Ihre Mitarbeitenden über Attributionen informiert haben, können Sie diesen das Handout zu Attributionen aushändigen. Hier sind nochmals alle wichtigen Informationen kurz zusammengefasst. Das Handout ist kein Ersatz für das persönliche Gespräch, sondern soll lediglich als Erinnerungshilfe für Ihre Mitarbeitenden dienen.

- **Nutzen**

Das Arbeitsblatt illustriert, dass Psychoedukation in wenigen Schritten effektiv durchführbar ist. Ihre Mitarbeitenden werden durch die Psychoedukation für das Thema Attributionen sensibilisiert und befähigt, selbstständig darüber nachzudenken. Durch das zusätzliche Handout können sie jederzeit auf alle wichtigen Informationen zugreifen.

1. **Einstieg ins Gespräch**
   - Begrüßung
   - Dauer und Sinn des Gesprächs
     - Dauer: ca. 5 Minuten
     - Sinn: Informationen über Attributionen geben und damit Selbstreflexion anstoßen
   - Inhalt des Gesprächs
     - Was Attributionen sind und wie sie unsere Leistung beeinflussen

> Hallo, zu Beginn unseres Gesprächs möchte ich mit Ihnen kurz – ca. 5 Minuten – über etwas sprechen, dass uns bei der Arbeit weiterbringen kann. Wir sind immer darauf aus, bestmögliche Leistungen zu erzielen. Und dafür sollten wir auch alles nutzen, was wir können. Worauf ich hinaus will, sind sogenannte **Attributionen**.

2. **Definition und Auswirkungen von Attributionen (siehe Kap. 2 in Teil I des Bandes)**
   - Definition:
     - Gedankliche Zuschreibung von Ursachen für Ereignisse und Verhaltensweisen
   - Auswirkungen auf:
     - Gefühle
     - Erfolgserwartung für die Zukunft
   - Schildern Sie eine beispielhafte Situation.
   - Geben Sie Beispiele für nicht kontrollierbare Ursachenerklärungen (siehe auch Übersicht auf dem Handout).
   - Geben Sie Beispiele für kontrollierbare Ursachenerklärungen (siehe auch Übersicht auf dem Handout).

> Was Attributionen sind, erkläre ich Ihnen am besten an einem Beispiel. Stellen Sie sich vor, Sie sind bei einem wichtigen Pitch, fühlen sich gut vorbereitet und trotzdem klappt einiges im Pitch nicht. Sie verhaspeln sich, können Informationen nicht korrekt erinnern, und Produktproben sind nicht angekommen. Sie fahren ohne positives Ergebnis nach Hause. Was jetzt passiert, ist ganz normal – Sie fragen sich: Woran hat es gelegen? Was waren die Ursachen für den Misserfolg und hatte ich Einfluss darauf? Und genau das sind Attributionen. Sie fragen sich das, weil Sie im nächsten Pitch wieder glänzen wollen, weil Sie besser werden wollen. Je nachdem, welche Ursachen Sie jetzt für den Misserfolg heranziehen, kann Ihnen das bei der Vorbereitung des nächsten Pitchs helfen oder nicht. Angenommen Sie glauben, dass Ihr Misserfolg an der starken Hitze gelegen hat oder daran, dass Sie kein Talent dazu haben. Sie sind den Ursachen „hilflos" ausgeliefert und können sie nicht kontrollieren. Es kann jederzeit sein, dass es wieder passiert. Was passiert dann? Ihre Motivation sinkt – Sie können ja sowieso nichts daran ändern. Sinnvoller wäre es doch aber, nach Ursachen zu suchen, die Sie selbst kontrollieren können. Was könnte das sein? Naja, zum Beispiel, dass Sie erkennen, dass die Vorbereitungen vielleicht nicht optimal waren und deshalb die zeitliche Logistik der Produktprobenlieferung unpassend war. Auch kann es sein, dass Sie erkennen, angesichts der Hitze vielleicht nicht genug auf Ihren Flüssigkeitshaushalt geachtet zu haben. Was Sie damit erreichen, ist etwas ganz Wertvolles – Sie können Ihre Leistungen kontrollieren. Sie haben das Ergebnis selbst in der Hand. Dadurch können Sie motiviert und fokussiert weiterarbeiten.

3. **Bedeutung für die eigene Arbeit**
   - Erklären, was Sie sich von Ihren Mitarbeitenden wünschen.
   - Emotionen direkt nach einem Misserfolg erlauben.

5.4 · Definition, Dimensionen und Auswirkungen von Attributionen ...

> *Das bedeutet: Was Sie denken, beeinflusst, was Sie tun. Es ist völlig in Ordnung, sich nach einem Misserfolg – egal ob im Alltagsgeschäft oder bei besonderen Situationen, in denen Sie unter Druck stehen – erst einmal aufzuregen. Wenn Ihnen das egal wäre, würden Sie nicht so hart dafür arbeiten. Aber danach ist es wichtig, wieder einen klaren Kopf zu bekommen und zu überlegen: Was kann ich tun? Wo sind Ansatzpunkte, die ich selbst verändern und kontrollieren kann?*

4. **Abschluss des Gesprächs**
   — Klären Sie aufkommende Fragen.
   — Händigen Sie das Handout aus.
   — Gespräch weiterführen / Verabschiedung

5.5 Handout Attributionen

- **Was sind Attributionen?**

Gedankliche Zuschreibung von Ursachen für Ereignisse und Verhaltensweisen.

- **Woher kommen Attributionen?**

Zur Bildung von Attributionen können Informationen über das Ereignis oder Rückmeldungen von bedeutsamen Bezugspersonen herangezogen werden.

- **Welche Eigenschaften haben Attributionen?**

📍	Lokation	Liegt die Ursache innerhalb oder außerhalb der Person?
⌚	Stabilität	Ist die Ursache zeitlich variabel oder stabil?
✘	Kontrollierbarkeit	Hat die handelnde Person Einfluss auf die Ursache oder nicht?
🌐	Globalität	Liegt die Ursache nur in spezifischen Situationen vor oder ist sie global?

- **Wie wirken sich Attributionen auf mich aus?**

Attributionen können sich darauf auswirken, wie ich mich fühle und welche Leistung ich in Zukunft erwarte.

5.5 · Handout Attributionen

- **Was sind günstige und ungünstige Attributionen?**

	günstige Attributionen	ungünstige Attributionen
Beispiele für Ursachenerklärungen	„Ich habe mich nicht genügend auf die Kundenpräsentation vorbereitet." „Meine aktuelle Vorbereitungsstrategie ist nicht optimal." „Ich habe mir beim Üben des Pitchs nie ein Zeitlimit zur Beantwortung von Kundenfragen gesetzt, um den Druck während eines Pitchs zu üben."	„Ich kann das einfach nicht." „Ich bin zu dumm dafür." „Ich kann mit dem Druck bei Leistungssituationen einfach nicht umgehen."
Eigenschaften von Attributionen	Innerhalb der Person, zeitlich variabel, kontrollierbar, spezifisch „Ich habe es selbst in der Hand, mich zu verbessern."	Außerhalb der Person, zeitlich stabil, nicht kontrollierbar, global „Ich kann nichts daran ändern, dass ich schlecht bin."
Gefühle	ermutigt, optimistisch, (ziel)fokussiert, bestärkt	entmutigt, pessimistisch, hilflos, niedergeschlagen
Motivation	Motivation steigt	Motivation sinkt
Erwartungen	Hohe Erfolgserwartungen in zukünftige Leistungssituationen	Niedrige Erfolgserwartung in zukünftige Leistungssituationen
Zukünftiges Verhalten	Positive Einstellung, Lust am Arbeiten und verbesserte Leistung Beispiele: Mehr Anstrengungen bei der Arbeit; Anwendung anderer Strategien	Bedrückte Stimmung und unsicheres Gefühl beim Arbeiten; keine (positive) Veränderung der Arbeit und ggf. Verschlechterung der Leistung

Ein gutes Beispiel sein: Modellierungstechnik

Inhaltsverzeichnis

6.1 Modelldarbietung durch Erfahrungsberichte – 72

6.2 Selbstmodellierung – 78

Ergänzende Information Die elektronische Version dieses Kapitels enthält Zusatzmaterial, das berechtigten Benutzern zur Verfügung steht. https://doi.org/10.1007/978-3-658-33281-5_6

© Springer Fachmedien Wiesbaden GmbH, ein Teil von Springer Nature 2021
N. Fischer et al., *Stark im Scheitern - Motivation nach Misserfolgen*,
https://doi.org/10.1007/978-3-658-33281-5_6

Die Modellierung ist eine Technik, um Attributionen bei Ihren Mitarbeitenden zu verändern. Dabei wird mithilfe eines Vorbilds („Modell") dargestellt, welche Attributionen in einer Situation ungünstig bzw. günstig sind und welche Folgen verschiedene Attributionen für die Motivation und Leistung haben. Aus diesem Vorgehen ist der Begriff der Modellierung entstanden.

Folgend finden sich Materialien für zwei unterschiedliche Arten, um mit der Modellierungstechnik Attributionen und deren günstige oder ungünstige Folgen für Motivation und Leistung zu vermitteln: Modelldarbietung durch Erfahrungsberichte und Selbstmodellierung. Wenn Sie Veränderungen von Attributionen bei Ihren Mitarbeitenden mithilfe einer Modellierung anregen wollen, entscheiden Sie sich für die Variante, welche die beste Passung für Ihren spezifischen Anwendungskontext und Ihre persönlichen Möglichkeiten aufweist. Als Unterstützung bei der Bearbeitung der Materialien können Sie das Handout zu günstigen und ungünstigen Ursachenerklärungen nutzen (siehe Abschnitt 5.5).

Insgesamt können die im Folgenden erklärten Varianten der Modellierung gut mit der Technik der Psychoedukation verknüpft werden. Den Mitarbeitenden kann so zunächst ein Verständnis für Attributionen nähergebracht werden. Die Elemente der Psychoedukation helfen den Mitarbeitenden zu verstehen, warum es sinnvoll ist, sich mit Attributionen auseinanderzusetzen und warum manche Attributionen motivationsförderlicher sind als andere. Die Modellierung schließt sich daran an und verdeutlicht anhand von Modellen anschaulich, wie sich verschiedene Ursachenerklärungen auf die Motivation und Leistung auswirken.

- **Aufbau und Inhalte der Materialien zur Modellierungstechnik**
  1. Modelldarbietung durch Erfahrungsberichte
  2. Selbstmodellierung

6.1 Modelldarbietung durch Erfahrungsberichte

- **Ziel**

Die folgenden Leitfragen sollen Ihnen zunächst dabei helfen, Erfahrungen mit ungünstigen und günstigen Attributionen zu erinnern. Die so erinnerten Erfahrungen berichten Sie Ihren Mitarbeitenden. Damit sollen Ihre Mitarbeitenden ein Beispiel (= Modell) für ungünstige und günstige Attributionen erhalten sowie aufgezeigt bekommen, welche Konsequenzen mit diesen spezifischen Ursachenerklärungen einhergehen.

- **Vorüberlegungen zum Einsatz der Methode**

Modelldarbietungen durch Erfahrungsberichte können sowohl im Einzelgespräch als auch im Rahmen einer größeren Gruppe von Mitarbeitenden (z. B. im Teamkontext oder bei Projektgruppen) genutzt werden.

- **Hinweise zur Durchführung**

Die folgenden Leitfragen (Führungskräfteversion) sind in zwei Hauptabschnitte gegliedert. Im ersten Abschnitt werden Sie darin unterstützt, Beispiele eines Mo-

6.1 · Modelldarbietung durch Erfahrungsberichte

dells mit ungünstigen Attributionen zu erinnern, im zweiten Abschnitt generieren Sie Beispiele für ein Modell mit günstigen Attributionen.

Haben Sie die Beispiele generiert, können Sie Ihren Mitarbeitenden von den beiden Modellen berichten. Beginnen Sie dabei mit dem Modell, welches ungünstige Attributionen beinhaltet und schließen Sie daran das günstige Beispiel an. Heben Sie zudem besonders die konkreten Attributionen hervor und betonen Sie dabei das Modell, das die günstige Attribution an den Tag legt. Beschriebene Attributionen und das sich aus ihnen ergebende Lern- und Leistungsverhalten bewirken insbesondere dann ein Umdenken bei Ihren Mitarbeitenden, wenn die Erfahrungsberichte authentisch sind. Sie sollten daher selbst erlebte Erfahrungen mit früheren Mitarbeitenden möglichst realitätsnah schildern.

- **Varianten**

In der Forschung zum Modelllernen hat sich gezeigt, dass es zum Erlernen eines Modellverhaltens sinnvoll ist, wenn die Modellperson der Person, die das Verhalten übernehmen soll, möglichst ähnlich ist. Somit kann es sinnvoll sein, die Modellperson vor dem Erfahrungsbericht genauer zu beschreiben, also zum Beispiel persönliche Eigenschaften wie das Geschlecht, besondere Charaktereigenschaften oder auch Vorerfahrungen in bestimmten Arbeitsbereichen zu nennen. Wenn die von Ihnen erinnerten Personen sehr anders sind als Ihre Mitarbeitenden, können Sie gegebenenfalls einige Eigenschaften des Modells anpassen, um eine höhere Ähnlichkeit zu erreichen. Dadurch können sich Ihre Mitarbeitenden besser in das Modell hineinversetzen.

Eine möglich Variante besteht darin, dass Sie keine Erfahrungen erinnern, bei denen Sie ungünstige oder günstige Attributionen bei Ihren Mitarbeitenden beobachteten, sondern eigene vergangene Attributionen. Diese eigenen Erfahrungen können Sie dann Ihren Mitarbeitenden gleichermaßen berichten und als Modell nutzen. Möglich wäre es hierbei, die eigenen Erfahrungen nicht aus der eigenen Perspektive zu berichten, sondern aus der Perspektive eines*einer fiktiven Kolleg*in. Wählen Sie hierzu eine*n Kolleg*in aus, der*die Ihren Mitarbeitenden möglichst ähnlich ist. Dies bewirkt, dass Ihre Mitarbeitenden sich besser in die Person hineinversetzen kann.

Eine weitere Variante besteht darin, dass nicht Sie selbst die Erfahrungsberichte erinnern und wiedergeben, sondern dass Sie andere Mitarbeitende darum bitten, eigene Erfahrungsberichte schriftlich zu verfassen. Wählen Sie hierzu solche Mitarbeitende aus, die in der Vergangenheit bei einem konkreten Leistungsereignis ungünstig oder günstig attribuiert und bereits ein grundlegendes Verständnis über Attributionen haben. Verwenden Sie für diese Variante das Arbeitsblatt in der Mitarbeiter*innen-Version.

- **Nutzen**

Modelldarbietungen durch Erfahrungsberichte dienen dazu, Ihren Mitarbeitenden günstige Attributionen beispielhaft näherzubringen und so in der Folge die Motivation zu fördern. Dies gelingt besonders gut durch die Verwendung authentischer Erfahrungsberichte mit einem ähnlichen Modell.

Leitfragen (Version für Führungskraft)

Denken Sie an eine **Leistungssituation bei Ihrer Arbeit** zurück. Ziehen Sie dabei nicht nur die typischen Leistungssituationen wie Präsentationen vor Kund*innen oder der Geschäftsführung in Betracht, sondern auch alltägliche Situationen, die zwar weniger Einfluss auf eine mögliche Endleistung haben, aber dennoch einen wichtigen Beitrag zum Arbeitserfolg erbringen. Dies könnten beispielsweise das Erstellen eines Zeitplans oder die Absprache mit Kolleg*innen sein.

1) *Modelle mit ungünstigen Attributionen:* Erinnern Sie sich an eine*n **Mitarbeiter*in, der*die eine schlechte Leistung in dieser Situation erbrachte** und somit einen Misserfolg erlebte und **in folgenden ähnlichen Leistungssituationen ebenfalls Misserfolge** verzeichnen musste.

   a. **Worauf** hat diese*r Mitarbeiter*in seine*ihre **schlechte Leistung zurückgeführt**? Hat der*die Mitarbeiter*in eine **ungünstige Ursache** (= außerhalb der Person, zeitlich stabil, nicht kontrollierbar oder global) als Erklärung für die schlechte Leistung ausgemacht?

Wenn ja, welche Ursache genau wurde durch den*die Mitarbeiter*in benannt?	**Wenn nein**, überlegen Sie nochmals, ob Ihnen ein*e andere*r Mitarbeiter*in einfällt, der*die eine ungünstige Ursache als Erklärung für die schlechte Leistung ausgemacht hat?
_____ _____ _____	

   b. **Welche Auswirkungen hatte diese Attribution für das folgende Verhalten** des*der Mitarbeiter*in?

   ➢ Hat der*die Mitarbeiter*in danach **Motivation aufbringen können**, das gewünschte Verhalten zu zeigen? Wenn nein, haben Sie ein passendes Modell erinnert.

6.1 · Modelldarbietung durch Erfahrungsberichte

Wenn ja, überlegen Sie nochmals, ob die erinnerte Person wirklich nur ungünstige Attributionen gefunden hat. Wurden auch günstige Attributionen gebildet, erklärt dies die erneute Motivation. Diese Person ist damit allerdings kein gutes Modell für ungünstige Attributionen. Versuchen Sie sich an eine Person zu erinnern, die lediglich ungünstige Ursachen der Situation zugeschrieben hat.	**Wenn nein**, haben Sie ein gutes Modell erinnert. Machen Sie mit den folgenden Fragen weiter.

➢ **Welches Verhalten wurde in der Folge** durch den*die Mitarbeiter*in **gezeigt**?

_____

_____

➢ **Wie hat sich dieses Verhalten auf dessen*deren Leistung ausgewirkt**?

_____

_____

2) *Modelle mit günstigen Attributionen:* Erinnern Sie sich nun an eine*n Mitarbeiter*in, der*die **ebenfalls eine schlechte Leistung in dieser Situation erbrachte**, aber **in folgenden ähnlichen Leistungssituationen einen Erfolg** erlebte.

   a. **Worauf** hat diese*r Mitarbeiter*in seine*ihre **schlechte Leistung zurückgeführt**? Hat der*die Mitarbeiter*in eine **günstige Ursache** (innerhalb der Person, zeitlich variabel, kontrollierbar oder spezifisch) als Erklärung für die schlechte Leistung ausgemacht?

Wenn ja, welche Ursache genau wurde durch den*die Mitarbeiter*in benannt?	**Wenn nein**, überlegen Sie nochmals, ob Ihnen ein*e andere*r Mitarbeiter*in einfällt, der*die eine günstige Ursache als Erklärung für die schlechte Leistung ausgemacht hat?
_____	
_____	
_____	

b. **Welche Auswirkungen hatte diese Attribution für das folgende Verhalten** des*der Mitarbeiter*in?

➢ Hat der*die Mitarbeiter*in danach erneut Motivation aufbringen können, das gewünschte Verhalten zu zeigen?

Wenn ja, haben Sie ein gutes Modell erinnert. Machen Sie mit den folgenden Fragen weiter.	**Wenn nein**, überlegen Sie nochmals, ob die erinnerte Person wirklich nur günstige Attributionen gefunden hat. Wurden auch ungünstige Attributionen gebildet, erklärt dies die fehlende Motivation. Diese Person ist damit allerdings kein gutes Modell für günstige Attributionen. Versuchen Sie sich an eine Person zu erinnern, die lediglich günstige Ursachen der Situation zugeschrieben hat.

➢ **Welches Verhalten wurde in der Folge** durch den*die Mitarbeiter*in **gezeigt?**

_____

_____

➢ **Wie hat sich dieses Verhalten auf die Leistung** des*der Mitarbeiter*in **ausgewirkt**?

_____

_____

Ihre beiden erinnerten Modelle zeigen ungünstige bzw. günstige Attributionen nach einem Misserfolg. Berichten Sie nun Ihren Mitarbeitenden von diesen zwei Personen. Beschreiben Sie dabei die Situation, für welche die ungünstigen beziehungsweise günstigen Ursachen als Erklärung gefunden wurden und wie die Auswirkungen dieser Attributionen waren. Schildern Sie, inwieweit die Personen in späteren Leistungssituationen erneut Motivation aufbringen konnten, zu welchem Verhalten dies in den späteren Leistungssituationen geführt hat und wie sich dies auf die Leistung ausgewirkt hat.

6.1 · Modelldarbietung durch Erfahrungsberichte

Leitfragen (Version für Mitarbeiter*innen)

Bitte notieren Sie, warum Sie denken, ein bestimmtes Ergebnis erzielt zu haben. Schildern Sie möglichst anschaulich, wie sich diese Attribution in Ihrem Empfinden und Verhalten niedergeschlagen hat.

6.2 Selbstmodellierung

- **Ziel**

Dieses Arbeitsblatt soll Sie dabei unterstützen, gemeinsam mit Ihren Mitarbeitenden Motivationssätze zu generieren, die auf vergangenen Attributionen basieren. Diese Sätze können zukünftig daran erinnern, eigene Leistung auf günstige Ursachen zu attribuieren. In der Folge kann mehr Motivation bei der Bearbeitung von Aufgaben aufgebracht und aufrechterhalten werden.

- **Vorüberlegungen zum Einsatz der Methode**

Diese Variante der Modellierung lässt sich sowohl mit einzelnen Mitarbeitenden als auch in Gruppen anwenden.

- **Hinweise zur Durchführung**

Dieses Arbeitsblatt unterstützt Sie darin, gemeinsam mit Ihren Mitarbeitenden Motivationssätze zu generieren. Haben Sie die Motivationssätze generiert, besprechen Sie diese gemeinsam. Die Mitarbeitenden sollen sich die Motivationssätze bei der Bearbeitung einer Aufgabe vorsagen, um so ihre aktuelle Motivation zu fördern. Zudem sollen sie dies auch nach Abschluss der Aufgabe tun, um so günstige Attributionen für mögliche Erfolge oder Misserfolge zu finden. Es kann hilfreich sein, wenn sich Mitarbeitende die Sätze aufschreiben und an für sie relevante Orte platzieren, z. B. als kleinen Zettel am Computerbildschirm oder als digitale Notiz auf dem Desktop. Dadurch werden sie regelmäßig an ihre Motivationssätze erinnert und können diese dadurch besser verinnerlichen. Beobachten Mitarbeitende bei sich selbst, dass der Einsatz von motivierenden Selbstinstruktionen die Leistung fördert, so erhöht dies noch zusätzlich die Nutzung dieser Selbstinstruktionen.

- **Varianten**

Die Wirkung kann durch Elemente der Psychoedukation (Kap. 5) unterstützt werden. Durch die Wissensvermittlung im Rahmen der Psychoedukation verstehen Mitarbeitende den Sinn und die Konsequenzen von Attributionen, welche in den Motivationssätzen formuliert sind.

Sie können die generierten Motivationssätze auch dazu verwenden, Ihre Mitarbeitenden von außen durch Feedback in ihrem gezeigten Verhalten zu bestärken oder abzuschwächen. Verstärken Sie dadurch, dass Sie den Erfolg mit einem Motivationssatz bekräftigen, der eine in dieser Leistungssituation plausible und günstige Ursache benennt. Schwächen Sie unerwünschtes Verhalten ab, indem Sie nach einem Misserfolg eine plausible und günstige Ursache vorschlagen, die in Zukunft dazu führen kann, dass der Misserfolg nicht noch einmal auftritt.

▪ Nutzen

Motivationssätze können Ihre Mitarbeitenden darin unterstützen, günstige Attributionen zu erinnern und so die Motivation in Leistungssituationen aufrechtzuerhalten. Dadurch, dass sich die Mitarbeitenden selbst immer wieder während der Bearbeitung und auch nach Abschluss einer Aufgabe bei der Beurteilung von Erfolg oder Misserfolg eine bestimmte günstige Attribution vorsagen, werden sie zu ihrem eigenen Vorbild. Durch die Verwendung motivierender Selbstinstruktionen und die Beobachtung positiver Konsequenzen erleben die Mitarbeitenden, dass sie ihre eigene Motivation gezielt beeinflussen können.

Teil 1: Gründe finden, die einen Misserfolg/Erfolg im relevanten Leistungskontext begünstigen

Erinnern Sie eine typische Leistungssituation im für Sie relevanten Leistungskontext. *Welche innerhalb der Person liegenden, zeitlich variablen, kontrollierbaren oder spezifischen Ursachen können für einen Misserfolg in dieser Situation verantwortlich sein?* Zur Beantwortung dieser Frage kann es auch nützlich sein, sich zu überlegen, welches Verhalten zu einem Erfolg führen würde. Nehmen Sie sich Zeit, nach plausiblen Ursachen für den Misserfolg zu suchen. Notieren Sie sich diese Ursachen:

_____

_____

_____

_____

_____

Teil 2: Generierung von Motivationssätzen

Anhand der in Teil 1 generierten günstigen Ursachen für einen Misserfolg können nun Motivationssätze generiert werden. Beantworten Sie dazu zunächst folgende Frage: *Welches Verhalten kann ich zeigen, um einen Erfolg zu erzielen?* Versuchen Sie diese Verhaltensweisen anhand der Ursachen abzuleiten, die Sie in Teil 1 dieses Arbeitsblattes gefunden haben.

_____

_____

_____

_____

_____

6.2 · Selbstmodellierung

Formulieren Sie nun anhand dieser für einen Erfolg förderlichen Verhaltensweisen Motivationssätze. Fassen Sie dazu in einem präzisen Kausalsatz zusammen, welches Verhalten gezeigt werden soll, um einen Erfolg zu erreichen bzw. einen Misserfolg zu vermeiden. Formulieren Sie diese Sätze in ICH-Form. Da Motivationssätze zu drei verschiedenen Zeitpunkten (während der Bearbeitung einer Leistungsaufgabe, nach einem Erfolg sowie nach einem Misserfolg) relevant werden können, versuchen Sie die Sätze spezifisch für diese Situationen zu formulieren. Je spezifischer die Motivationssätze der Situation angepasst sind, desto größer ist ihre motivierende Wirkung.

Zum besseren Verständnis, wie genau solche Sätze zur Modellierung eigener Attributionen aussehen könnten, sind unten einige **Beispiele** aufgelistet.

a) Motivationssätze während der Bearbeitung einer Aufgabe

_____
_____
_____
_____

b) Motivationssätze zum Umgang mit Erfolg

_____
_____
_____
_____

c) Motivationssätze zum Umgang mit Misserfolg

_____
_____
_____
_____

Beispiele für Motivationssätze:

a) Motivationssätze während der Bearbeitung einer Aufgabe
- Ich kann eine gute Leistung erzielen, wenn ich meine Strategie an die Aufgabe anpasse.
- Ich kann die Aufgabe fristgerecht fertigstellen, indem ich konzentriert arbeite.
- Ich kann meine Leistung beeinflussen, indem ich regelmäßig bisherige Arbeitsschritte reflektiere und überlege, was ich hätte besser machen können.

b) Motivationssätze zum Umgang mit Erfolg
- Ich habe die Aufgabe fristgerecht fertiggestellt weil ich mich angestrengt habe.
- Ich habe eine gute Leistung gezeigt, weil ich eine passende Strategie zur Aufgabenbearbeitung verwendet habe.

c) Motivationssätze zum Umgang mit Misserfolg
- Auch wenn meine zeitliche Planung nicht ganz ideal war, kann ich mich das nächste Mal noch ein wenig mehr anstrengen und die Aufgabe dann rechtzeitig fertigstellen.
- Ich werde beim nächsten Mal besser abschneiden, wenn ich mich während der Vorbereitung der Kundenpräsentation weniger ablenken lasse.

Realistische Ursachen finden: Beobachtungsinformationen

Inhaltsverzeichnis

7.1 Durch Beobachtungsinformationen realistische Attributionen finden – 85

7.2 Beobachtungsinformationen sammeln und zurückmelden – 89

7.3 Beobachtete Variationen kommentieren – 94

Ergänzende Information: Die elektronische Version dieses Kapitels enthält Zusatzmaterial, das berechtigten Benutzern zur Verfügung steht. https://doi.org/10.1007/978-3-658-33281-5_7

© Springer Fachmedien Wiesbaden GmbH, ein Teil von Springer Nature 2021
N. Fischer et al., *Stark im Scheitern - Motivation nach Misserfolgen*,
https://doi.org/10.1007/978-3-658-33281-5_7

Zur Bildung von Attributionen über Leistungsergebnisse ziehen Personen unter anderem Informationen darüber heran, inwieweit bestimmte Ereignisse gemeinsam mit bestimmten anderen, gegebenenfalls Einfluss nehmenden Faktoren variieren. Wie in Abschnitt 2.2 beschrieben, können sich diese Beobachtungen auf Variationen über Personen, über die Zeit und über verschiedene Situationen beziehen. Die Variation des Ereignisses *über Personen* bezieht sich auf die Frage, ob ein Ereignis in einer bestimmten Situation nur bei einer bestimmten Person oder auch bei mehreren anderen Personen auftritt. Die Variation des Ereignisses *über die Zeit* bezieht sich auf die Frage, ob das Verhalten einer bestimmten Person in einer bestimmten Situation nur zu einem bestimmten Zeitpunkt oder auch zu anderen Zeitpunkten auftritt. Die Variation des Ereignisses *über die Situation* bezieht sich auf die Frage, ob das Verhalten einer bestimmten Person nur in einer bestimmten Situation oder auch in anderen Situationen auftritt. Der Begriff der Situation kann sich hierbei auf jegliche Kontextunterschiede wie beispielsweise verschiedene Orte, Aufgaben, Anlässe oder Interaktionspartner*innen beziehen. In Abb. 7.1 sind diese drei Arten der Variationen illustriert.

Die Beobachtung gemeinsamer Variation von Attributionen mit bestimmten Ereignissen ist von großer Bedeutung für die Bildung realistischer Attributionen. Daher bietet die Suche nach Beobachtungen der möglichen Variationen von Ereignissen über Personen, Zeitpunkte und Situationen eine gute Möglichkeit, die eigenen Attributionen kritisch zu reflektieren und die Bildung realistischer Ursachenerklärungen anzuregen.

◘ **Abb. 7.1** Illustration der Kategorien von Beobachtungen – Variation des Ereignisses über Personen, die Zeit und Situationen

- **Aufbau und Inhalte der Materialien zu Beobachtungsinformationen:**
  1. Durch Beobachtungsinformationen realistische Attributionen finden
  2. Beobachtungsinformationen sammeln und zurückmelden
  3. Beobachtete Variationen kommentieren

7.1 Durch Beobachtungsinformationen realistische Attributionen finden

- **Ziel**

Die nachfolgende Übung soll Ihre Mitarbeitenden dabei unterstützen, möglichst realistische Ursachenerklärungen zu finden. Hierbei soll festgestellt werden, inwieweit das Ereignis etwas mit der eigenen Person, der Zeit oder Besonderheiten der konkreten Situation (etwa der Aufgabe) zu tun hat.

- **Vorüberlegungen zum Einsatz der Methode**

Ausgangspunkt sollte ein möglichst markant erinnertes negatives Ereignis sein, zum Beispiel ein besonderer Misserfolg.

- **Hinweise zur Durchführung**

Ihre Mitarbeitenden sollen für ein konkretes Ereignis eine Ursache benennen. In Bezug auf dieses Ereignis werden im nächsten Schritt systematisch Fragen bearbeitet.

- **Varianten**

Sie als Führungskraft können diese Übung auch selbst bearbeiten, um ein Verständnis für Beobachtungsinformationen zu entwickeln oder eigene Erfahrungen zu reflektieren.

- **Nutzen**

Ihre Mitarbeitenden suchen systematisch nach Informationen, die ihnen helfen, realistische Attributionen zu bilden und dadurch typische, oft vorschnelle und unrealistische Erklärungsmuster zu überwinden. Die Übung unterstützt zudem dabei, systematisch Personen, Zeitpunkte oder Situationen zu identifizieren, bei denen das Ergebnis erfolgreicher ausfiel. Dies ist ein wertvoller Ansatzpunkt zur Erarbeitung von zukünftig erfolgreicheren Strategien.

Teil 1: Beobachtungen sammeln

① Welcher persönliche Misserfolg hat Sie in den letzten Wochen besonders beschäftigt? Beschreiben Sie die Aufgabe oder das Thema, an der/dem Sie gescheitert sind, möglichst markant.

_____

_____

Rufen Sie sich jetzt ins Gedächtnis, wieso Sie bei dieser Aufgabe Ihrer Meinung nach erfolglos waren. Notieren Sie die gefundene/n Ursache/n für den Misserfolg.

_____

_____

_____

② Bitte notieren Sie nun, welche anderen Personen (z.B. Ihre Kolleg*innen) schon einmal eine gleiche oder ähnliche Aufgabe hatten. Schreiben Sie die Namen dieser Personen auf und notieren Sie hinter jedem Namen, zu welchem Ergebnis diese Person gekommen ist. Fragen Sie nach, wenn Sie nicht wissen, welche Ergebnisse andere erzielt haben.

Person/Name		Ergebnis
_____	→	_____
_____	→	_____
_____	→	_____
_____	→	_____
_____	→	_____

③ Bitte notieren Sie nun, zu welchen anderen Zeitpunkten Sie früher schon einmal mit der gleichen oder einer ähnlichen Aufgabe konfrontiert waren. Schreiben Sie die Zeitpunkte auf und notieren Sie jeweils, welches Ergebnis (z. B. Erfolg oder Misserfolg) Sie dabei erzielten.

Zeitpunkt		Ergebnis
_____	→	_____
_____	→	_____
_____	→	_____
_____	→	_____
_____	→	_____

7.1 · Durch Beobachtungsinformationen realistische Attributionen...

④ Bitte notieren Sie nun, inwieweit Sie im vergangenen Monat mit anderen, zu dieser Aufgabe abgrenzbaren Aufgaben konfrontiert waren. Schreiben Sie diese Aufgaben auf und notieren Sie jeweils, welches Ergebnis (z. B. Erfolg oder Misserfolg) Sie dabei erzielten.

Aufgabe   Ergebnis
_____ → _____
_____ → _____
_____ → _____
_____ → _____
_____ → _____

Auswertung

Bitte prüfen Sie vor dem Hintergrund Ihrer Notizen nun noch einmal Ihre ursprüngliche Ursachenerklärung unter ①. Wenn Sie unter ② auch Personen notiert haben, die ebenfalls erfolglos waren, ist es wenig wahrscheinlich, dass der Grund für Ihren Misserfolg ausschließlich an Ihnen selbst liegt.

Wenn Sie unter ③ Zeitpunkte in der Vergangenheit nennen konnten, in denen Sie erfolgreich waren, ist der Grund für den aktuellen Misserfolg nicht stabil über die Zeit hinweg. Die Ursache für Ihren aktuellen Misserfolg ist somit variabel.

Wenn Sie unter ④ andere Aufgaben notiert haben, bei denen Sie erfolgreicher waren, ist der Grund für den aktuellen Misserfolg vermutlich spezifisch für diese eine Art der Aufgabe.

Diese gesammelten Informationen liefern Ihnen somit erste Anhaltspunkte, ob die Ursache in Ihnen selbst liegt oder eher ein externer Umstand für Ihren Misserfolg verantwortlich ist ((②)), ob die Ursache von Dauer ist oder auch nur zu dem bestimmten Zeitpunkt des Misserfolgs aufgetreten ist ((③)) und ob die Ursache spezifisch für diese Art der Aufgabe ist ((④)).

Die gesammelten Informationen geben Ihnen Hinweise darauf, was die tatsächliche Ursache für Ihren Misserfolg war. Sie geben Ihnen damit die Möglichkeit, Ihren Erfolg in zukünftigen Situationen besser zu beeinflussen. Das Arbeitsblatt „Teil 2: Realistische Attributionen finden" kann Ihnen dabei helfen.

Teil 2: Realistische Attributionen finden

Sie können mithilfe der gesammelten Informationen in Teil 1 Strategien erarbeiten, um zukünftig bei der unter ① notierten Aufgabe oder dazu ähnlichen Aufgaben erfolgreicher zu sein. Alle genannten Verweise beziehen sich auf **Teil 1: Beobachtungen sammeln.**

Sprechen Sie hierfür mit den Personen, die Sie unter ② als erfolgreicher bei gleichen oder ähnlichen Aufgaben identifiziert haben. Befragen Sie sie danach, wie sie dies bewerkstelligt haben.

Person/Name		Strategie
_____	→	_____
_____	→	_____
_____	→	_____
_____	→	_____
_____	→	_____

Analysieren Sie die Zeitpunkte, die Sie unter ③ notiert haben und bei denen Sie selbst erfolgreicher gewesen sind. Versuchen Sie herauszufinden, wie Sie es in der Vergangenheit geschafft haben, Erfolg bei der Bearbeitung dieser oder ähnlicher Aufgaben zu haben.

Zeitpunkt		Strategie
_____	→	_____
_____	→	_____
_____	→	_____
_____	→	_____
_____	→	_____

Fragen Sie sich schließlich, was Sie anders gemacht haben bei anderen unterscheidbaren Aufgaben, in denen Sie erfolgreicher gewesen sind. Rufen Sie sich hierzu die unter ④ gesammelten Aufgaben ins Gedächtnis.

Aufgabe		Strategie
_____	→	_____
_____	→	_____
_____	→	_____
_____	→	_____
_____	→	_____

Schauen Sie nun noch einmal die Strategien an, die *andere Personen* angewendet haben oder die Sie zu *anderen Zeitpunkten* oder auch bei *anderen Aufgaben* angewendet haben. Überlegen Sie nun, ob Ihnen eine dieser Strategien in Zukunft bei der Bearbeitung der unter ① notierten Aufgabe oder bei ähnlichen Aufgaben helfen könnte. Überlegen Sie auch, wie Sie – unabhängig von Ihren eigenen Lösungsstrategien – Situationen für die Bearbeitung von Aufgaben so gestalten können, dass sie besonders erfolgsunterstützend sind. Sie könnten zum Beispiel Ihre Arbeitsumgebung so gestalten, dass Sie weniger abgelenkt sind (z. B. Handy weglegen). Probieren Sie diese Strategien aus. So können Sie aus Ihrem aktuellen Misserfolg lernen und zukünftig andere Strategien und Verhaltensweisen anwenden, mit denen Sie erfolgreicher sein können.

7.2 Beobachtungsinformationen sammeln und zurückmelden

▪ Ziel
Dieses Arbeitsblatt soll Ihnen helfen, die Variation von Ursachen mit Ereignissen, die Ihre Mitarbeitenden betreffen, zu beobachten und Ihren Mitarbeitenden zurückzumelden. So erweitern Sie die Informationen, die Mitarbeitende über Ereignisse nutzen können und fördern dadurch realistische Attributionen.

▪ Vorüberlegungen zum Einsatz der Methode
Sie sollten Variationen von Ursachen mit Ereignissen (z. B. Leistungssituationen) beobachten können. Dafür brauchen Sie Kontakt zu Ihren Mitarbeitenden oder Eindrücke von anderen Personen, die mit diesen in Kontakt stehen.

▪ Hinweise zur Durchführung
Mit Blick auf ein konkretes Ereignis werden Sie angeleitet, systematisch Fragen zu beantworten, inwieweit das Ereignis über Personen, die Zeit und Situationen variiert. Im Anschluss sollten Sie die Erkenntnisse dieser Reflexion Ihren Mitarbeitenden mitteilen.

▪ Nutzen
Mitarbeitenden kann es schwerfallen, objektiv die Variation von Ursachen mit Ereignissen wahrzunehmen und sich diese bewusst zu machen. Sie als Führungskraft haben eine andere Perspektive auf das Ereignis und können die Leistung einzelner Mitarbeitenden über die Zeit und Situationen (z. B. Aufgaben) hinweg beurteilen. Durch die Rückmeldung derartiger Beobachtungen bekommen Mitarbeitende eine breitere Informationsbasis und können realistischere Attributionen finden. Realistische Attributionen sind ein wichtiger Schritt in Richtung motivierten und erfolgreichen Arbeitens.

Ereignis festlegen

Eine konkrete Formulierung, für welches Leistungsereignis Sie verschiedene Informationen zusammentragen wollen, erleichtert die Suche nach aussagekräftigen Beobachtungsinformationen. Für welches Ereignis im Leistungskontext wollen Sie verschiedene Informationen zusammentragen?

_____
_____
_____

Beobachtungsinformationen sammeln und rückmelden

Anhand der folgenden Arbeitsblätter können Sie die verschiedenen Kategorien betrachten, über welche Ursachen variieren können. Es kann sein, dass Sie nicht zu allen Kategorien Informationen beobachten können. Jede einzelne Information ist wertvoll, aber es ist nicht gravierend, wenn Sie zu einzelnen Fragen keine Beobachtungen treffen können.

7.2 · Beobachtungsinformationen sammeln und zurückmelden

Fragen

1. Variation über Personen

Rufen Sie sich das betrachtete Ereignis ins Gedächtnis. Welche Leistung hat Ihr*e Mitarbeiter*in gezeigt? Prüfen Sie insbesondere, wie viele Mitarbeitende bei diesem Ereignis einen Misserfolg erlebt haben.

Hatte nur ein*e einzelne*r Mitarbeiter*in einen Misserfolg? Oder haben viele einen Misserfolg erlebt?

☐ einzelne   ☐ viele

Informationen rückmelden

Teilen Sie Ihren Mitarbeitenden mit, wenn andere Kolleg*innen ebenfalls einen Misserfolg bei diesem Ereignis erlebt haben.

Insbesondere bei sehr schwierigen Aufgaben sollten Sie Ihre Mitarbeitenden darüber informieren, wie schwierig die Aufgabe war.

Nutzen

Für Mitarbeitende ist es nach einem Misserfolg eine wertvolle Information, ob auch andere einen Misserfolg hatten. So können sie erkennen, dass ein Misserfolg nicht nur durch mangelnde Fähigkeiten zustande kam, sondern sich auch an anderen Faktoren, beispielsweise der Schwierigkeit einer Aufgabe festmachen lässt.

2. Variation über die Zeit

Fragen	Informationen rückmelden	Nutzen
Rufen Sie sich eine*n bestimmte*n Mitarbeiter*in ins Gedächtnis. Denken Sie nun an ähnliche Ereignisse in der Vergangenheit. Hat diese*r Mitarbeiter*in früher auch schon schlechte Leistungen in Bezug auf dieses Ereignis gezeigt? Oder hat er*sie früher auch Erfolge aufweisen können? ☐ konstant Misserfolg ☐ teils auch Erfolge	Melden Sie es Ihren Mitarbeitenden zurück, wenn sie in der Vergangenheit auch Erfolge hatten. Überlegen Sie gegebenenfalls zusammen mit diesen, was bei den zurückliegenden Ereignissen anders war. Unterstützen Sie Ihre Mitarbeitenden dabei, passende Strategien zur erfolgreichen Bewältigung von Ereignissen zu generieren.	Manchen Mitarbeitenden fällt es schwer, sich ihre früheren Erfolge in Erinnerung zu rufen. Gerade das Wissen über einen Erfolg in der Vergangenheit gibt Personen jedoch die Möglichkeit zu analysieren, was sie damals anders gemacht haben. In der Folge können Strategien entwickelt werden, um auch zukünftig Erfolg zu haben.

7.2 · Beobachtungsinformationen sammeln und zurückmelden

3. Variation über die Situation

Fragen	Informationen rückmelden	Nutzen
Rufen Sie sich erneut diese*n Mitarbeiter*in ins Gedächtnis. Denken Sie nun an ähnliche Ereignisse in Situationen mit anderen Merkmalen. Dies kann zum Beispiel die Präsentation vor dem Team versus vor dem*der Kund*in sein oder in der gewohnten Teamumgebung versus auf einer Bühne. Hat der*die Mitarbeiter*in bei ähnlichen Ereignissen in anderen Situationen auch schlechte Leistungen gezeigt? Oder hat er*sie in diesen anderen Situationen auch Erfolge aufweisen können? ☐ konstant Misserfolg ☐ teils auch Erfolge	Wenn Sie Erfolge in anderen Situationen bei ähnlichen Ereignissen beobachten konnten, melden Sie dies Ihren Mitarbeitenden zurück. Überlegen Sie gegebenenfalls zusammen mit diesen, was in dem ähnlichen Ereignis in der anderen Situation anders war. Unterstützen Sie Ihre Mitarbeitenden somit dabei, passende Strategien zur erfolgreichen Bewältigung eines Ereignisses zu generieren.	Manchen Mitarbeitenden fällt es schwer, sich ihre Erfolge bei ähnlichen Ereignissen in anderen Situationen in Erinnerung zu rufen und mit aktuellen Ereignissen in Bezug zu setzen. Gerade das Wissen über Erfolge bei ähnlichen Ereignissen in anderen Situationen gibt Personen jedoch die Möglichkeit zu analysieren, was sie in anderen Situationen anders gemacht haben. In der Folge können Mitarbeitende Strategien entwickeln, um zukünftig Erfolg zu haben.

7.3 Beobachtete Variationen kommentieren

- **Ziel**

Auf dem folgenden Arbeitsblatt finden Sie Beispielsätze, wie Sie Ihren Mitarbeitenden Ihre Beobachtungen zu den möglichen Ursachenvariationen mitteilen können.

- **Hinweise zur Durchführung**

Auf diesem Arbeitsblatt sind die möglichen Ursachenbeobachtungen in drei Kategorien aufgeteilt, die sich auf Variationen über Personen, die Zeit sowie über Situationen beziehen. In der rechten Spalte finden Sie zur jeweiligen Kategorie die passenden Kommentare. Die aufgeführten Kommentare sind Beispiele, die Sie auf Ihren Kontext anpassen können. Anschließend können Sie Ihre Kommentare schriftlich (z. B. in einer E-Mail) oder mündlich äußern.

- **Nutzen**

Mitarbeitende haben im Vergleich zu Ihnen als Führungskraft einen anderen Blickwinkel auf ihr eigenes Verhalten. Mithilfe der Kommentare des Arbeitsblattes können Sie Ihren Mitarbeitenden eine breitere Sichtweise auf mögliche Ursachen von Verhaltensergebnissen zur Verfügung stellen. Dadurch werden diese bei der Bildung realistischer Ursachenerklärungen unterstützt, was ein wichtiger Schritt für motiviertes und erfolgreiches Arbeiten oder Lernen ist.

7.3 · Beobachtete Variationen kommentieren

Beobachtete Variation	Kommentarbeispiele
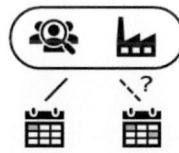 Variation über Personen mitteilen: Mitarbeitende können so erkennen, ob das Ereignis nur bei ihnen allein auftritt oder auch bei Kolleg*innen.	• „Nicht jeder steckt gleich viel Energie in die Aufgabenbearbeitung." • „Nicht allen ist die Aufgabe so leichtgefallen." • „Sie wirkten unkonzentriert. Andere Kolleg*innen waren mehr bei der Sache." • „Andere Kolleg*innen waren auch nicht erfolgreich."
 Variation über Zeit mitteilen: Mitarbeitende können so erkennen, ob das Ereignis über die Zeit hinweg variiert oder immer gleich ist.	• „Das Teammeeting letzte Woche haben Sie meiner Meinung nach besser moderiert als das heutige." • „Vor der Mittagspause scheinen Sie konzentrierter als am Nachmittag." • „Beim Pitch vor zwei Tagen waren Sie mehr bei der Sache."
Variation über die Situation mitteilen: Mitarbeitende können so erkennen, ob das Ereignis über Situationen hinweg variiert.	• „In der Zusammenarbeit mit anderen Kolleg*innen wirken Sie motivierter." • „Bei der Präsentation vor dem Team konnten Sie alle Aspekte verständlich darstellen und erklären; vor der Geschäftsführung hatten Sie dabei Schwierigkeiten." • „Bei dieser Art von Report haben Sie mehr Schwierigkeiten als bei anderen." • „Dieser spezifische Kunde mit seinen Anforderungen und Anfragen war besonders schwer und komplex."

Erwünschte Attributionen äußern: Kommentierungstechnik

Inhaltsverzeichnis

8.1 Durch Kommentierung günstige Attributionen anregen – 99

8.2 Kommentierung zur Verstärkung günstiger und Abschwächung ungünstiger Attributionen – 102

© Springer Fachmedien Wiesbaden GmbH, ein Teil von Springer Nature 2021
N. Fischer et al., *Stark im Scheitern - Motivation nach Misserfolgen*,
https://doi.org/10.1007/978-3-658-33281-5_8

Die Kommentierungstechnik zeichnet sich dadurch aus, dass Ihre Mitarbeitenden durch Sie als Führungskraft oder andere dritte Personen ausdrückliche Rückmeldungen erhalten, die auf die Veränderung von Attributionen abzielen. Die Kommentierung kann hierbei grundsätzlich auf zwei Arten erfolgen: In einer Variante werden bestimmte Verhaltensweisen oder -ergebnisse (z. B. Leistung) der Mitarbeitenden so kommentiert, dass erwünschte Attributionen nahegelegt werden. Bei der zweiten Variante werden bestimmte durch Mitarbeitende geäußerte Attributionen kommentiert und dabei vor allem erwünschte Attributionen verstärkt.

Beide Vorgehensweisen eröffnen kraftvolle Wege für die Veränderung von Attributionen. Bei der Anwendung von Kommentierungen sollten einige Grundlagen beachtet werden. Hierzu dienen die folgenden Fragen:
- In welcher Situation bietet es sich an, zu kommentieren?
- In welcher Form möchte ich kommentieren (mündlich oder schriftlich)?
- Welche anderen Personen können noch kommentieren?

■ **In welcher Situation bietet es sich an, zu kommentieren?**
Zunächst ist es wichtig, dass Kommentierungen sowohl bei Erfolg als auch bei Misserfolg sinnvoll sein können. Trotzdem unterscheiden sich die Rahmenbedingungen in diesen Fällen, daher gibt es Unterschiede in der *Kommentierung von Erfolg* und der *Kommentierung von Misserfolg*. Im Arbeitskontext liegen zwei Hauptbereiche vor, in denen Kommentierung stattfinden kann: Während der Bearbeitung einer Aufgabe und bei der Besprechung erreichter Ergebnisse.

Wie sollte in der Regel kommentiert werden?
- Kommentierung von Erfolg nach einem Misserfolg:
  - **innerhalb der Person liegend**: „Das können Sie richtig gut."
  - **stabil**: „Sie können jederzeit zu einer guten Leistung kommen."
  - **kontrollierbar**: „Den Erfolg können Sie kontrollieren."
  - **global**: „Sie bringen diese Leistung durchweg in allen Aufgabenbereichen."
- Kommentierung von Misserfolg:
  - **innerhalb der Person liegend**: „Das können Sie bewusst verändern."
  - **variabel**: „Das ist Ihnen nur heute passiert."
  - **kontrollierbar**: „Sie können Ihre Leistung kontrollieren."
  - **spezifisch**: „Das ist Ihnen nur bei dieser einen Aufgabe passiert."

Besonderheiten
- Bei der Kommentierung während der Aufgabenbearbeitung: keine
- Bei der Besprechung erreichter Ergebnisse nach einem Misserfolg: Bei der Kommentierung ist zu beachten, dass Personen zunächst mit der Verarbeitung des (herben) Rückschlages beschäftigt sind. Daher ist in diesem Moment eine motivationsförderliche Kommentierung unangebracht. Beachten Sie in diesem Zusammenhang das Kap. 9 (Umgang mit herben Rückschlägen).

■ **In welcher Form möchte ich kommentieren (mündlich oder schriftlich)?**
Es gibt verschiedene Formen, wie kommentiert werden kann. Im Normalfall werden Sie als Führungskraft mündlich kommentieren. Gerade bei herben Rück-

schlägen kann es sich aber auch anbieten, schriftlich zu kommentieren. Beispielsweise könnten Sie Ihren Mitarbeitenden einige Tage nach dem Misserfolg eine E-Mail schreiben, in dem Sie ansprechen, dass Sie Handlungsspielraum bei der Leistung sehen. Das heißt, der*die Mitarbeiter*in kann selbst etwas an der Situation ändern. Zudem könnten Sie erwähnen, dass eine variable und spezifische Ursache vorliegt. Eine weitere passende Situation für schriftliche Kommentierung liegt vor, wenn Sie innerhalb eines Teams einzelne Mitarbeitende nicht herausstellen wollen, weil es diesen unangenehm ist oder die Dynamik im Team beeinflussen könnte.

- **Welche anderen Personen können noch kommentieren?**

Nicht nur Sie als Führungskraft können kommentieren, sondern auch Kolleg*innen. Dies kann den Effekt von Kommentierungen noch einmal verstärken. Wenn Mitarbeitende Informationen von mehreren Personen erhalten, kann das unterschiedliche Wirkungen auf diese haben. Außerdem kann sich durch das Kommentieren mehrerer Personen im Team ein gewisses „Klima" entwickeln, das günstige Attributionen fördert. Wenn Sie die Kommentierung durch Kolleg*innen nutzen möchten, ist es wichtig, dass Sie diesen Personen im Vorhinein erklären, was bei Kommentierungen zu beachten ist. Dazu ist es denkbar, dass Sie den Personen auch die vorliegenden Arbeitsblätter zur Kommentierung aushändigen.

- **Aufbau und Inhalte der Materialien zur Kommentierungstechnik:**
    1. Durch Kommentierung günstige Attributionen anregen
    2. Kommentierung zur Verstärkung günstiger und Abschwächung ungünstiger Attributionen

8.1 Durch Kommentierung günstige Attributionen anregen

- **Ziel**

Auf dem Arbeitsblatt finden Sie Beispielsätze, mit denen Sie Ihre Mitarbeitenden auf günstige Attributionen hinweisen können.

- **Vorüberlegungen zum Einsatz der Methode**

Diese Methode kann angewendet werden, wenn Sie möchten, dass Ihre Mitarbeitenden motivationsförderliche Attributionen für Ereignisse auf einer der vier Dimensionen (Lokation, Kontrollierbarkeit, Stabilität oder Globalität) explizit wahrnehmen.

- **Hinweise zur Durchführung**

Auf dem Arbeitsblatt sind die Kommentare in vier Kategorien hinsichtlich der Dimensionen von Attributionen geteilt: Lokation, Kontrollierbarkeit, Stabilität und Globalität. In der rechten Spalte finden sich zur jeweiligen Kategorie die passenden Kommentare. Diese stellen Beispiele dar, welche Sie auf Ihren Kontext anpassen können.

- **Nutzen**

Mithilfe der Kommentare des Arbeitsblattes können Sie die Wahrscheinlichkeit günstiger Attributionen von Verhaltensergebnissen erhöhen. Günstige Attributionen sind eine notwendige Voraussetzung für motiviertes und erfolgreiches Lernen und Arbeiten.

8.1 · Durch Kommentierung günstige Attributionen anregen

Forcierte Attributionsdimension	Kommentarbeispiele
Internale Attributionen forcieren: Mitarbeitende können so erkennen, inwieweit die Ursache in ihnen selbst liegt.	• „Ihr Engagement hätte größer sein können." • „Die von Ihnen gewählte Strategie war zielführend." • „Ihr Engagement war beachtlich." • „Die Aufgabe haben Sie sorgfältig bearbeitet." • „Beeindruckend, wie tiefgehend Sie sich mit der Aufgabe beschäftigt haben!"
Kontrollierbare Attributionen forcieren: Mitarbeitende können so erkennen, inwieweit die Ursache beeinflussbar ist.	• „Sie haben Ihre Leistungen selbst in der Hand." • „Ihre Strategien können Sie selbst auswählen." • „Sie entscheiden, wie sehr Sie sich anstrengen." • „Sie können die Reihenfolge der Aufgabenbearbeitung selbst steuern."
Zeitlich variable Attributionen forcieren: Mitarbeitende können so erkennen, inwieweit die Ursache über die Zeit hinweg variabel ist.	• „Beim nächsten Mal klappt es besser." • „In der Vergangenheit haben Sie es auch schon geschafft, diesmal war es nur ein Ausrutscher." • „Auch wenn es heute nicht so gut lief, kann es nächste Woche besser laufen, wenn Sie wieder konzentrierter sind." • „Es kann nicht immer gut laufen. Bleiben Sie dran, es wird sich lohnen!"
Spezifische Attributionen forcieren: Mitarbeitende können so erkennen, inwieweit die Ursache nur für spezifische Situationen zutrifft.	• „Bei dieser Aufgabe sind andere Strategien hilfreicher." • „Diese Aufgabe hat Ihnen ein paar Probleme bereitet, aber dafür haben Sie die andere Aufgabe gut gelöst."

8.2 Kommentierung zur Verstärkung günstiger und Abschwächung ungünstiger Attributionen

■ **Ziel**

Dieses Arbeitsblatt bietet Ihnen Formulierungshilfen, um von Mitarbeitenden geäußerte, günstige Attributionen zu verstärken beziehungsweise ungünstige abzuschwächen. Die aufgeführten Kommentare zielen darauf ab, gebildete Attributionen entweder als günstig zu bekräftigen oder als ungünstig kenntlich zu machen und eine Suche nach anderen Attributionen anzuregen.

■ **Hinweise zur Durchführung**

Nachdem Mitarbeitende Attributionen geäußert haben, sollten Sie darauf reagieren. Wenn die geäußerte Attribution günstig ist, verstärken Sie diese. Heben Sie den positiven Mehrwert der Attribution hervor. Ist die geäußerte Attribution hingegen ungünstig, schwächen Sie diese ab. Regen Sie dazu an, nach anderen, günstigeren Attributionen zu suchen. Sie können dazu die folgenden Formulierungshilfen nutzen. Diese sind dabei jeweils nur Beispiele, die Sie auf Ihren Kontext anpassen können.

■ **Nutzen**

Mitarbeitende sollen selbst günstige Attributionen für Erfolge und Misserfolge finden. Auch wenn Ihre Mitarbeitenden bereits wissen, was günstige und ungünstige Attributionen sind, ist es schwierig, die eigenen, typischen Attributionen und damit den eigenen Attributionsstil zu verändern. Vielmehr fällt man oft in alte Muster zurück. Durch die Verstärkung günstiger Attributionen und Abschwächung ungünstiger unterstützen Sie Ihre Mitarbeitenden dabei, das Erlernte nachhaltig umzusetzen.

8.2 · Kommentierung zur Verstärkung günstiger ...

Günstige Attributionen verstärken	„Ihre Attribution _____ *(von dem*der Mitarbeiter*in geäußerte Attribution einfügen)* für Ihren Misserfolg ...
Günstige Attributionen sind der Tendenz nach ... • internal (innerhalb der Person verortet) • kontrollierbar • zeitlich variabel • spezifisch	• wird Ihnen helfen, sich erneut zu motivieren." • ist eine günstige Attribution. Sie werden sehen, wenn Sie so weitermachen, werden sich bald Erfolge einstellen." • wird Sie darin bestärken, weiter zu machen und nicht aufzugeben." • ist förderlich, da Sie an diesem Punkt ansetzen können, um in Zukunft bessere Leistungen zu erzielen." • zeigt Ihnen Ihren Handlungsspielraum auf, in dem Sie das nächste Mal eine bessere Leistung zeigen können." • ist sinnvoll. Sie haben damit eine Ursache erkannt, an der Sie arbeiten können." „Ihre Attribution _____ *(von dem*der Mitarbeiter*in geäußerte Attribution einfügen)* für Ihren Erfolg ... • zeigt Ihnen auf, zu was Sie zu leisten fähig sind. Weiter so!" • ist günstig. Sie erkennen so Ihren eigenen Anteil an Ihrer Leistung!" • wird Sie darin motivieren, sich auch zukünftig anzustrengen." • zeigt Ihnen Ihren Handlungsspielraum auf, den Sie genutzt haben und der Sie zum Erfolg geführt hat."

Ungünstige Attributionen abschwächen	„Ihre Attribution _____ *(von dem*der Mitarbeiter*in geäußerte Attribution einfügen)* für Ihren Misserfolg/Erfolg …
Ungünstige Attributionen sind der Tendenz nach … • external (außerhalb der Person verortet) • nicht kontrollierbar • zeitlich stabil • global	• sollten Sie nochmal überdenken. Sind Sie sicher, dass der Misserfolg/Erfolg nicht vielleicht auch andere Ursachen haben kann?" • ist eine ungünstige Attribution. Denken Sie noch einmal nach, ob nicht auch andere Ursachen in Frage kommen!" • ist eher hinderlich dafür, sich auch nächstes Mal zu motivieren und sich anzustrengen. Ihnen fallen bestimmt noch andere Gründe ein, wieso Sie dieses Mal (nicht) so gut abgeschnitten haben." • impliziert, dass Sie nichts an Ihrer Leistung ändern können. Es gibt aber bestimmt auch noch andere Faktoren, an denen Sie ansetzen können, um Ihre Leistung positiv zu beeinflussen. Welche könnten das sein? • ist nicht bestärkend darin, beim nächsten Mal wieder Kraft und Energie in die Zielerreichung zu stecken. Welche Ursachen fallen Ihnen noch ein, auf die Sie Einfluss haben und die Ihre Leistung mitbestimmt haben?

Spezielle Herausforderungen

Die bisher thematisierten Konzepte und Übungen zur Förderung von Motivation durch die Veränderung von Ursachenerklärungen können unter Umständen an ihre Grenzen stoßen. In diesem letzten Teil des vorliegenden Bandes soll auf drei Arten von Situationen eingegangen werden, die eine spezielle Herausforderung bei der Motivationsförderung darstellen können: Herbe Rückschläge (Kap. 9), vermeintlich mangelndes Können (Kap. 10) und Probleme des Wollens (Kap. 11). Die nachfolgenden Kapitel geben Führungskräften Hinweise zum Umgang mit diesen speziellen Herausforderungen.

Inhaltsverzeichnis

Kapitel 9   Umgang mit herben Rückschlägen – 107

Kapitel 10   Wenn es vermeintlich am Können fehlt – 111

Kapitel 11   Wenn Wollen zum Problem wird – 115

Umgang mit herben Rückschlägen

Inhaltsverzeichnis

9.1 Herbe Rückschläge – 108

9.2 Hinweise zur Verarbeitung herber Rückschläge – 109

Literatur – 109

© Springer Fachmedien Wiesbaden GmbH, ein Teil von Springer Nature 2021
N. Fischer et al., *Stark im Scheitern - Motivation nach Misserfolgen*,
https://doi.org/10.1007/978-3-658-33281-5_9

9.1 Herbe Rückschläge

Menschen investieren vor allem in diejenigen Bereiche und Aufgaben ihres Lebens Kraft und Mühe, die für sie persönlich einen hohen Stellenwert haben. Mitunter ist es sogar so, dass wir den Eindruck haben, dass diese Bereiche uns als Person besonders ausmachen. Dass Menschen sich mit ihren Aufgaben identifizieren, ist grundsätzlich wünschenswert.

Die folgenden Aussagen sind Beispiele für den Ausdruck einer solch starken Identifikation:
- Ich bin wirklich stolz darauf, Mitarbeiter meines Betriebes zu sein.
- Mein Sport bedeutet mir sehr viel.
- Mein Studienfach ist mein Wunschfach – daher ist es mir auch wirklich wichtig, darin gut zu sein.

Misserfolge sind für Personen auch daher meist nicht bedeutungslos – ganz im Gegenteil. Viele Situationen im Leistungskontext sind gerade dadurch gekennzeichnet, dass Personen aufgrund einer starken Identifikation mit ihrem Kontext nach Erfolgen und der Vermeidung von Misserfolgen streben. Deswegen investieren Personen viel in die Vorbereitung und strengen sich stark an. Wenn aber schlussendlich trotz intensiver Bemühungen ein Misserfolg eintritt, ist dies zunächst einmal eine bittere Enttäuschung. Und es ist dazu umso bitterer, je mehr zuvor investiert wurde. Solche Situationen werden hier „herbe Rückschläge" genannt.

> **Gedankenreise: Eigene persönliche Rückschläge**
> Wann haben Sie zuletzt selbst einen herben Rückschlag erlebt – wann haben Sie etwas angestrebt, dies mit sehr großem Bemühen verfolgt und sind dennoch gescheitert?
>
> Versuchen Sie, sich noch einmal in diese Situation hineinzuversetzen. Erinnern Sie sich daran, was Sie in dem Moment gefühlt haben, als sich herausstellte, dass Sie gescheitert waren.
>
> Überlegen Sie sich, was in dieser Situation eine für Sie bedeutsame Person (z. B. Ihre damalige Führungskraft, Ihr*e eigene*r Partner*in) Wohltuendes zu Ihnen hätte sagen können.

In diesem Band haben Sie bisher Techniken kennengelernt, die nach Misserfolgen helfen sollen, auf die Suche nach kontrollierbaren Ursachenfaktoren zu gehen. Gerade direkt nach einem herben Rückschlag kann es aber zunächst gar nicht sofort hilfreich sein, die Aufmerksamkeit auf solche internalen und kontrollierbaren Ursachenfaktoren zu lenken. Im ersten Schritt geht es darum die Bitterkeit des Misserfolgs besser wegzustecken und nicht zu sehr an der eigenen Person zu verzweifeln. Hier steht zunächst der Schutz des eigenen Selbstwertgefühls im Vordergrund.

9.2 Hinweise zur Verarbeitung herber Rückschläge

Folgende Vorgehensweisen können hilfreich sein, um mit bitteren Niederlagen im ersten Moment besser umgehen zu können.

1. *Auf die Häufigkeit von Misserfolg hinweisen*
   Es kann hilfreich sein, sich nach einem Misserfolg einen Überblick darüber zu verschaffen, wer ansonsten noch gescheitert ist. Dies stärkt die Wahrnehmung dafür, nicht die einzige Person zu sein, die das erwünschte Ziel nicht erreicht hat – es gibt auch noch andere Personen, die gleichermaßen gescheitert sind und das gleiche empfinden. Es entsteht eine Überzeugung, mit bestimmten Empfindungen nicht allein zu sein. Sie wird in der Psychologie als „common humanity" bezeichnet, weil derartige Erfahrungen mit anderen Menschen verbinden (Neff 2003). Diese Überzeugung nach Misserfolgserlebnissen zu stärken, ist schützend für das eigene Selbstwertgefühl.
2. *Auf die hohe Schwierigkeit der Aufgaben hinweisen*
   Manchmal streben wir nach sehr hochgesteckten Zielen, beispielsweise danach, einen Zuschlag bei einer sehr kompetitiven, hoch dotierten Ausschreibung zu erhalten. Es liegt gerade bei derart attraktiven Zielen in der Natur der Aufgabe, dass Misserfolg wahrscheinlicher ist als Erfolg. Für den Umgang mit Misserfolg kann es daher sehr hilfreich sein, sich diese Schwierigkeit der Aufgabe noch einmal selbst deutlich zu machen (oder deutlich gemacht zu bekommen), wie sprichwörtlich hoch die süßen Trauben hingen, nach denen man zu greifen versucht hat.
3. *Auf andere wichtige Aspekte der eigenen Person hinweisen*
   Nach einem herben Rückschlag kann es für das Selbstwertgefühl auch stärkend sein, sich andere Bereiche des Berufs oder auch Bereiche außerhalb des Arbeitsalltags vor Augen zu führen, die man als wichtig erlebt und in denen man erfolgreich ist. Die Konzentration auf solche wichtigen und positiven Lebensbereiche schützt das Selbstwertgefühl (McQueen und Klein 2006). Dies macht die Person in einem nächsten Schritt bereit, den erlebten Misserfolg motivationsdienlich zu betrachten.

Wenn mit Hilfe dieser Techniken die Bitterkeit verflogen ist und Sicherheit darüber besteht, dass der Wert der eigenen Person wegen des erlebten Misserfolgs nicht angezweifelt werden muss, dann ist eine gute Grundlage für die Veränderung der Attributionen in einem motivationsförderlichen Sinne gelegt. Unter Umständen ist hierbei ein gewisser zeitlicher Abstand zum Misserfolg angebracht.

Literatur

McQueen, A., & Klein, W. M. P. (2006). Experimental manipulations of self-affirmation: A systematic review. *Self and Identity, 5*(4), 289–354. https://doi.org/10.1080/15298860600805325.

Neff, K. D. (2003). The development and validation of a scale to measure self-compassion. *Self and Identity, 2*(3), 223–250. https://doi.org/10.1080/15298860309027.

Wenn es vermeintlich am Können fehlt

Inhaltsverzeichnis

10.1 Vermeintlich fehlendes Können – 112

10.2 Hinweise zum Umgang mit vermeintlich fehlendem Können – 113

Literatur – 114

10.1 Vermeintlich fehlendes Können

Manchmal macht man als Führungskraft die Ursachen für wiederholte Misserfolge einer Person in deren geringen Fähigkeiten aus und hält deshalb Techniken der Motivationsförderung in ihrem möglichen Nutzen für begrenzt. Bei einer solchen Ausgangssituation ist man womöglich wenig geneigt, die in diesem Band vorgeschlagenen Ansätze auszuprobieren, um Personen bei der Bildung motivationsförderlicherer Attributionen zu unterstützen. Gleiches mag aus Sicht der Person selbst gelten: Welchen Nutzen soll es haben, sich für eine Aufgabe zu motivieren, wenn man der festen Überzeugung ist, dass es die eigenen geringen Fähigkeiten sind, die wiederholt Schwierigkeiten bei der Aufgabenbearbeitung verursachen?

In diesem Kapitel soll dargestellt werden, wie eine realistische Betrachtung von Fähigkeiten im Rahmen von Motivationsförderung aussehen kann und warum diese Betrachtung oft keinen Gegensatz zum Einsatz von Techniken der Motivationsförderung darstellt.

Zwei Fragen sind für Führungskräfte bei diesen Überlegungen zentrale Ausgangspunkte:
1. *Was genau bringt mich dazu, an den Fähigkeiten der Person zu zweifeln?*
   Hier sollte man insbesondere realistische Informationen einholen (z. B. mithilfe von Teil 1 des Arbeitsblattes „Durch Beobachtungsinformationen realistische Attributionen finden"), die bei der Beurteilung helfen, ob andere Personen ebenfalls mit Schwierigkeiten kämpfen, inwieweit die Schwierigkeiten der Person selbst stabil über die Zeit sind und inwieweit sie über Aufgaben variieren.

   Auf Basis dieser Informationen kann in einem nächsten Schritt besser beurteilt werden, ob die Aufgaben, mit der Personen konfrontiert sind, (für sie) prinzipiell machbar sind. Nur wenn Aufgaben das sind (wenn auch nur mit hoher Anstrengung und vielleicht auch nicht perfekt), macht es Sinn, Motivation zu fördern.
2. *Ist die Aufgabe für die Person frei wählbar?*
   Nicht immer haben wir selbst die Wahl, welchen Aufgaben wir uns zuwenden. Zwar kann es in Teams denkbar sein, dass Aufgaben so verteilt werden, dass Personen bevorzugt solche Aufgaben bearbeiten, die ihnen liegen oder leichter fallen. Für solche Tausch- und Wahlmöglichkeiten gibt es aber durchaus Grenzen. Es kann sein, dass eine freie Wahl nicht möglich oder erwünscht ist. Wenn der Umgang mit englischsprachiger Kundschaft zum Jobprofil zählt, lassen sich Kundengespräche auf Englisch auch für Mitarbeitende mit geringen Englischkenntnissen selten vermeiden. Bei solch unumgänglichen Aufgaben ist neben der Förderung der Kompetenz selbst auch Motivationsförderung trotz potenziell eingeschränkten Könnens angebracht.

10.2 Hinweise zum Umgang mit vermeintlich fehlendem Können

Für Inhalte und Aufgaben, die man nicht umgehen kann und die weniger den eigenen Talenten entsprechen, können die folgenden drei Überlegungen hilfreiche Anregungen zur Motivationsförderung bieten.

1. *Ein realistisches Anspruchsniveau entwickeln*
   Die Kenntnisse um eigene Stärken und Schwächen tragen dazu bei, realistische Ziele zu verfolgen. Wenn eine Person erkennt, dass sie kein besonders großes Talent für die Bearbeitung einer bestimmten Aufgabe hat, sollte sie die eigenen Erwartungen an ihre Leistung in diesem Bereich entsprechend anpassen. Das heißt aber nicht, dass man Misserfolg erwarten muss. Das Ergebnis einer Aufgabenbearbeitung besteht oft nicht allein in den zwei möglichen Ausgängen Erfolg und Misserfolg. Vielmehr kann eine gezeigte Leistung sich im gesamten Spektrum zwischen exzellent und miserabel bewegen. Wenn eine Person unter solchen Bedingungen anstrebt, ein wenig besser zu sein als beim letzten Mal, drückt dies ein anspruchsvolles und zugleich realistisches Anspruchsniveau aus.

   Es hat sich in der Forschung gezeigt, dass Leistungsbewertungen, bei der Personen an eigenen früheren Resultaten gemessen werden, besonders gut geeignet sind, die Setzung eines motivationsförderlichen Anspruchsniveaus zu unterstützen (z. B. Krampen 1987).

2. *Fähigkeiten als veränderbar betrachten*
   Wenn eine Person davon ausgeht, in einem bestimmten Bereich kein Talent zu besitzen, dann ist dies eine zu starke Vereinfachung der Wirklichkeit. Fähigkeiten sind nicht entweder vorhanden oder nicht vorhanden, sondern sie sind mehr oder weniger stark ausgeprägt. Wenn wir meinen, in einem bestimmten Bereich – relativ zu anderen Bereichen – weniger talentiert zu sein, dann heißt dies meist dennoch, dass wir in diesem Bereich ein Mindestmaß an Fähigkeiten besitzen, um ausreichende Leistungen an den Tag zu legen. Hinzu kommt, dass Fähigkeiten durch eine ausdauernde Beschäftigung mit Aufgaben auch gesteigert werden können. Fähigkeiten sind somit nicht als gegeben und unveränderbar anzusehen (Sternberg 2001). Es ist motivationsförderlich, wenn Führungskräfte ein solches Wachstums-Mindset (Dweck 2008) in Bezug auf Fähigkeiten an den Tag legen und dies gegenüber ihren Mitarbeitenden auch kommunizieren.

3. *Sich vor Augen führen, dass Leistung vielfältige Ursachen hat*
   Leistung hat vielfältige Ursachen. Es gilt diejenigen in den Blick zu nehmen, die der eigenen Einflussnahme unterliegen. Unter dieser Perspektive ist eine moderate Leistungsverbesserung durch Maßnahmen der Motivationsförderung auch dann möglich, wenn es sich um einen Bereich handelt, in dem nicht die relativen Stärken und Talente der Person liegen.

Literatur

Dweck, C. S. (2008). *Mindset: Changing the way you think to fulfil your potential.* New York: Ballentine Books.

Krampen, G. (1987). Differential effects of teacher comments. *Journal of Educational Psychology, 79*(2), 137–146. https://doi.org/10.1037/0022-0663.79.2.137.

Sternberg, R. J. (2001). Giftedness as developing expertise: A theory of the interface between high abilities and achieved excellence. *High Ability Studies, 12*(2), 159–179. https://doi.org/10.1080/13598130120084311.

Wenn Wollen zum Problem wird

Inhaltsverzeichnis

11.1 Wollen als Problem – 116

11.2 Hinweise zum Umgang mit fehlendem oder übermäßigem Wollen – 116

Literatur – 118

© Springer Fachmedien Wiesbaden GmbH, ein Teil von Springer Nature 2021
N. Fischer et al., *Stark im Scheitern - Motivation nach Misserfolgen*,
https://doi.org/10.1007/978-3-658-33281-5_11

11.1 Wollen als Problem

Misserfolge kommen nicht ausschließlich durch geringes Können zustande. Wenn Fähigkeiten in ausreichendem Maße vorhanden sind, kann es ein anderes Hindernis geben, das dem Erfolg im Weg steht: das Wollen.

Übermäßig geringe ebenso wie extrem hohe Ausprägungen von Wollen können problematisch sein. Die folgenden Aussagen verdeutlichen beispielhaft zu hohe Ausprägungen des Wollens:
- Ich muss mehr Zeit investieren, damit es perfekt wird. Das kann ich auf keinen Fall auf morgen verschieben!
- Wenn ich bei diesem Projekt nicht mein Bestes gebe, wird mich mein Chef für dumm halten und niemals befördern. Meine Karriere ist vorbei.

Die folgenden Aussagen verdeutlichen im Gegensatz dazu zu geringe Ausprägungen des Wollens:
- Ich habe wirklich keine Lust darauf, das mache ich lieber morgen.
- Es ist mir wirklich nicht wichtig, ob das gut erledigt wird. Ich werde es schon irgendwie schaffen, die Aufgabe an den Praktikanten zu delegieren.

Zu viel Wollen ist oft in der Charaktereigenschaft des Perfektionismus verankert. Es kann dazu führen, dass man sich selbst häufig im Weg steht und unter Druck setzt. Langfristig können dadurch auch Erkrankungen wie Burnout oder Herzkreislaufprobleme entstehen (z. B. Childs und Stoeber 2010).

Zu wenig Wollen ist oft mit geringem Arbeitsengagement verbunden und kann zu schlechten Leistungen führen (Bakker et al. 2012). Das macht auf Dauer unzufrieden und kann sich auch auf andere Lebensbereiche übertragen – wenn ich auf der Arbeit unzufrieden bin, nehme ich das wahrscheinlich mit in den Feierabend. Dadurch sind ebenso negative Auswirkungen auf die Gesundheit möglich.

Beide Extremausprägungen des Wollens sind demnach langfristig weder für die Gesundheit noch für die Leistung von Mitarbeitenden zuträglich. In solchen Fällen sollte zunächst geprüft werden, ob das zu geringe oder zu starke Wollen tatsächlich ein individuelles Hindernis ist, das nur bei einzelnen Mitarbeitenden besteht. Darauf aufbauend bestehen unterschiedliche Möglichkeiten des Umgangs mit dem Problem des Wollens. Im Folgenden werden erste Ansatzpunkte hierfür dargestellt. Motivationsförderung durch die Veränderung von Attributionen, wie sie bisher beschrieben wurde, ist in diesen Fällen erst in einem darauffolgenden Schritt angebracht.

11.2 Hinweise zum Umgang mit fehlendem oder übermäßigem Wollen

Wenn Grund zur Annahme besteht, dass die Haltung von Mitarbeitenden durch zu viel oder zu wenig Wollen geprägt ist, sollte in einem ersten Schritt geprüft wer-

den, ob es sich hierbei tatsächlich um ein Problem bei einzelner Mitarbeitender handelt.
1. *Ist das Wollen ein individuelles Problem?*
Um für sich zu prüfen, ob die Haltung eines*einer Mitarbeiter*in tatsächlich ein individuelles Problem darstellt, ist es hilfreich, realistische Informationen einzuholen (z. B. mithilfe von Teil 1 des Arbeitsblattes „Durch Beobachtungsinformationen realistische Attributionen finden"). Diese können bei der Beurteilung helfen, inwieweit die Haltung von Mitarbeitenden über die Zeit stabil ist, inwieweit sie über Aufgaben variiert und ob auch andere Mitarbeitende diese Haltung bei der gleichen Aufgabe haben.

Auf Basis dieser Informationen kann in einem nächsten Schritt besser beurteilt werden worauf die Haltung aufbaut. Stellt man dabei fest, dass nicht nur einzelne Mitarbeitende ein zu geringes Wollen an den Tag legen sondern das ganze Team, sollte eher darüber nachgedacht werden, ob vielleicht die Arbeitsbedingungen oder das Führungsverhalten das Wollen des Teams beeinflusst und wo gegebenenfalls Anpassungen im Arbeitskontext vorgenommen werden können. Nur, wenn Wollen ein passendes Niveau erreicht hat (und weder extrem hoch oder extrem niedrig ist), macht Motivationsförderung Sinn. Manchmal – auch wenn es nicht einfach ist, sich das einzugestehen – hat die Führungskraft hierauf (im ersten Schritt) keinen Einfluss.

2. *Was tun bei „zu viel Wollen"? – ein realistisches Anspruchsniveau entwickeln*
Im Arbeitskontext ist es für Mitarbeitende wie Führungskräfte sehr hilfreich, realistische Ziele zu entwickeln und zu verfolgen. Realistische Ziele bestehen aber nicht immer in perfekten Lösungen, denn manchmal lassen es äußere Beschränkungen des Arbeitsalltages nicht zu (oder erfordern es noch nicht einmal), dass alles zu hundert Prozent perfekt erledigt wird. Das sogenannte Pareto-Prinzip besagt, dass achtzig Prozent der Ergebnisse mit zwanzig Prozent des Gesamtaufwandes erreicht werden, während die verbleibenden zwanzig Prozent der Ergebnisse mit achtzig Prozent des Gesamtaufwandes die quantitativ meiste Arbeit erfordern. Mitunter ist es für die Organisation vor diesem Hintergrund völlig ausreichend, wenn Ziele vielleicht nur zu achtzig Prozent erreicht werden, weil der notwendige Aufwand für die letzten zwanzig Prozent Zielerreichung nicht in Relation zum Zugewinn steht.

Es ist wichtig, dass Führungskräfte ihre Mitarbeitenden befähigen, selbst zu erkennen, wann ein Arbeitsergebnis zufriedenstellend ist. Mitarbeitende sollten klare Kriterien an die Hand bekommen, mit denen sie beurteilen können, was eine (in den Augen der Führungskraft) sehr gute Leistung ist und was nicht. Hilfreich kann es auch sein, wenn Mitarbeitende eine Orientierung erhalten, wie viel Zeit sie (in etwa) für eine bestimmte Aufgabe verwenden sollten.

Sollte sich das zu hohe Anspruchsniveau einzelner Mitarbeitender trotz der klaren Äußerung von Erwartungen nicht verändert haben, sollte erneut ein Gespräch gesucht werden. Es kann auch angebracht sein, externe Hilfe in Anspruch zu nehmen, sofern Mitarbeitende in Folge eines zu hohen Perfektionismus beispielsweise Anzeichen starker Erschöpfung oder andere Auffälligkeiten zeigen.

3. **Was tun bei „zu wenig Wollen"? – den Sinn klar kommunizieren**
Besteht Grund zur Annahme, dass die unbefriedigende Leistung bestimmter Personen darauf zurückzuführen ist, dass es diesen am „Wollen" fehlt, kann dies darin begründet sein, dass diese Mitarbeitenden den Sinn hinter einer Aufgabe schlichtweg nicht nachvollziehen können. Warum müssen Akten abgelegt werden, wenn wir doch Computer haben? Ambiguitäten zu erklären gehört zu den täglichen Aufgaben als Führungskraft. Hilfreich ist es hier zu erläutern, weshalb manche Prozesse zu dem Arbeitsablauf dazugehören und Aufgaben, die im ersten Moment unsinnig erscheinen, unverzichtbar sind. Dabei sollten auch Konsequenzen aufgezeigt werden, die bei Nichtbearbeitung oder Aufschieben entstehen können – für die Führungskraft, für das Team oder möglicherweise für die ganze Organisation. Mitarbeitende sollten dabei auch einbezogen werden, indem diese explizit dazu aufgefordert werden, Verbesserungsvorschläge einzubringen, um Prozesse sinnhafter zu gestalten. Als Führungskraft sollte dann deutlich gemacht werden, wie diese Verbesserungsvorschläge aufgegriffen, ggf. weitergeleitet und umgesetzt werden.

Literatur

Bakker, A. B., Demerouti, E., & Lieke, L. (2012). Work engagement, performance, and active learning: The role of conscientiousness. *Journal of Vocational Behavior, 80*(2), 555–564. https://doi.org/10.1016/j.jvb.2011.08.008.

Childs, J. H., & Stoeber, J. (2010). Self-oriented, other-oriented, and socially prescribed perfectionism in employees: Relationships with burnout and engagement. *Journal of Workplace Behavioral Health, 25*(4), 269–281. https://doi.org/10.1080/15555240.2010.518486.

MIX
Papier aus verantwortungsvollen Quellen
Paper from responsible sources
FSC® C105338

If you have any concerns about our products,
you can contact us on
ProductSafety@springernature.com

In case Publisher is established outside the EU,
the EU authorized representative is:
**Springer Nature Customer Service Center GmbH
Europaplatz 3, 69115 Heidelberg, Germany**

Printed by Libri Plureos GmbH
in Hamburg, Germany